河出文庫

日々をすこやかに過ごす仏の智慧

「お釈迦さまの薬箱」を開いてみたら

太瑞知見

河出書房新社

はじめに　――律（りつ）について

仏教とは、「仏さまの教え」と書きますね。読んで字のごとく、お釈迦さまが説かれた教えが仏教です。そして、お釈迦さまが説かれた教えは、お経に載っていると思いますよね。はい、その通り、お経に書いてあります。でも、お経以外にもお釈迦さまの教えが載っている本があるんです。

このことを詳しく説明する前に、まずは、「三蔵法師（さんぞうほうし）」というかたをご存じですか。たぶんみなさんが思い浮かべられるのは、西遊記に登場する三蔵法師ではないでしょうか。孫悟空（そんごくう）や沙悟浄（さごじょう）、猪八戒（ちょはっかい）と一緒にインドまで旅をした三蔵法師。その物語自体はフィクションですが、彼は実在の人物です。その名を玄奘（げんじょう）三蔵といい、七世紀に活躍された高僧です。その玄奘三蔵以外にも、三蔵法師と呼ばれたかたは、実はたくさんいらっしゃるんです。例えば、この本にも出てくるテキストを訳された義浄（ぎじょう）という高僧も、三蔵法師義浄と呼ばれています。三蔵法師とは、「三蔵」に精通した高僧のことを呼ぶ総称、一般名詞なのです。

三蔵とは、三つの蔵、つまり「経蔵（きょうぞう）」「律蔵（りつぞう）」「論蔵（ろんぞう）」の三つを指します。

三蔵
経蔵―お釈迦さまが説かれた説法。
律蔵―お釈迦さまが定められた規則。
論蔵―お釈迦さまの弟子による解説書。

このなかで「お経」はどれに当たると思いますか？　そうです、お経の蔵、「経蔵」がお経として、一般によく知られています。では、お釈迦さまの教えは、経蔵だけでしょうか？　注意深く三蔵を見てください。もうひとつありますね。そうです、お釈迦さまが定められた規則を記した「律蔵」です。お釈迦さまがお説きになられた教えは、経蔵と律蔵に載っているのです。そうであるにもかかわらず、律蔵はあまり一般には知られていません。なぜなのでしょう？

経蔵にはお釈迦さまの教えが書いてあります。それは、だれにとっても当てはまる、真理を説かれたもの、真実の教えです。それに対して律蔵には、「戒律（かいりつ）」が書いてあります。「戒」とは道徳のようなもので、自発的、自律的に守るべきことがら。それに対して「律」は集団生活を営む上で守らなければいけない生活規準や、仏教僧団（僧伽・サンガ）の運営規準です。これを破ると、程度によって罰則が科されます。

戒律

戒―自らが自発的に守るべきことがら。罰則なし。

律―仏教僧団での生活規準や運営規準。罰則あり。

この律のなかには、僧侶たちに対するルール、生活の規則や禁止事項、仏教僧団の運営規準、または所有が許されるものや、使用できる薬、生活の作法などが記されています。律は、主に出家した僧侶に対する規則です。一般の信者は戒を受けても、律を守ることはありません。ですから律は、一般の信者たちにあまり関係がないものと思われていました。しかも律は、仏教僧団内で口伝によって伝えられていましたから、信者たちに伝わることがあまりなかったのです。

お釈迦さまが定められた律は、よくない行いをした僧侶に対して、その都度制定されていきました（随犯随制）。これは、罪を犯した者がいないのに、先んじて罰則を制定するのはよくない、罪を犯して初めて、それを禁ずる規則を制定しようという、お釈迦さまご自身のお考えによるものです。しかも、律を制定する前に罪を犯した者を罰することはなさいませんでした（後だしジャンケンはなしです）。

律には、よくない行いをした僧侶のエピソードと、それに対してお釈迦さまがどのように対応なされたか、どのようにして規則が定められたのかが書いてあります。そこには、仏教僧団内部の様子が生き生きと現れ、そして個々の事例に対応されるお釈迦さまの教えがありありと描かれています。まるで、仏教僧団物語とでもいいましょうか。さまざまなエピソードが語られています。

この本では、これまであまり紹介されてこなかった律のなかから、お釈迦さまが説かれたお薬や食べ物、公衆衛生、生活様式などにスポットを当てて、みなさんにご紹介しようと思います。

またこの本は、曹洞宗宗務庁発行の『禅の友』に連載された「お釈迦さまの薬箱」に加筆、さらに大幅な書き下ろしを加えたものです。エッセイ風に綴った一話ずつの読み切りですので、どの頁からでもお楽しみいただけます。そして、もっと詳しく知りたいかたのために、巻末に出典を記しています。ここには書ききれなかった仏教僧団の悲喜交々の物語がまだまだありますよ。

では、二千五百年前のお釈迦さまの時代へタイムトリップしてみましょう。きっと思いもよらぬ、意外な事実が発見できるはずです。

#「お釈迦さまの薬箱」を開いてみたら　目次

第一章
お釈迦さまに聞いた「薬のはなし」

第二章
お釈迦さまが説く「暮らしと習慣」

挿　画　太瑞知見
編集協力　早瀬　澪

「お釈迦さまの薬箱」を開いてみたら

序文

この本の主題でもあるお釈迦さまが説かれた薬の話に入る前に、まずは、仏教僧団がどのような生活を送っていたのか、簡単にご紹介しましょう。

仏教僧団の誕生と基本的な生活規準

お釈迦さまが初めて説法をなさってから、出家して弟子となる者が日増しに増えていきました。集団で修行に励む、仏教僧団の誕生です。仏教僧団の数が増えるに従って、困った僧侶が出てきて（註1）、時には仏教僧団の集団生活が乱れることもありました。そこで、修行生活の日常をスムーズに過ごせるように、さまざまな規則が定められるようになりました。これが「戒律」です。

出家した僧の基本的な生活規準として「四依（しえ）」（註2）が定められました。四依とは、衣食住に関する僧侶の最低限の生活様式です。興味深いことに、そこには衣食住の他に、薬が加えられています。

四依

糞掃衣（ふんぞうえ）——（衣）ぼろ布を縫い合わせて作った衣を身につけること。
乞食（こつじき）——（食）托鉢（たくはつ）をして食を得ること。
樹下坐（じゅげざ）——（住）木の下に坐ること、または木の下に住むこと。
陳棄薬（ちんきやく）——（薬）牛の尿を発酵させた薬を使用すること。

この四依が生活スタイルの規準です。あまりにも質素な生活に驚かされますね。これに従って、最初期の仏教僧団は生活をしていたと思われます。

ところが、仏教を信仰する在家（ざいけ）の信者が増えるに従って、修行僧たちの生活をサポートするさまざまな寄付が寄せられるようになりました。食事の提供や衣の贈与、祇園精舎（ぎおんしょうじゃ）に代表される精舎（僧団の住まい、寺）までもが寄贈されるようになりました。これによって仏教僧団の生活環境は、次第に、より快適なものに変化していったようです。もちろん、四依に則して生活する修行僧たち（頭陀（ずだ）行者といいます）もいました。自らの修行に適していると考えられる環境を、律に反さない範囲内で、各人が選択できたようです。

また一年のうちには、雨季に一箇所に集まって過ごす雨安居（うあんご）や、布教や移動の旅に出る遊行(ゆぎょう)という期間もありました。それらの生活スタイルの話までを含めると長くなりますので、ここでは一般的な仏教僧団の生活環境を見てみましょう。

仏教僧団の生活環境

仏教僧団は信者からの寄付に頼った生活をしていました。寄贈されたもののなかには、仏教僧団で共有して利用するものや、修行僧が個人的に所有できるものも含まれます。日用品から食事、家具など、さまざまなものが贈られました。その最たるものが精舎でしょう。精舎では多くの修行僧たちが共同で生活していましたので、倉庫や広間、食堂、井戸に水飲み場、トイレや沐浴(もくよく)場などがありました。寝泊まりする部屋には、椅子やベッド、マット、枕もそろえてあります。

衣服は、下着と上着と大衣(だいえ)（重衣(じゅうえ)）の三種類があります。これらは気候の変化に応じて着脱できます。尼僧にはこれらの他に、沐浴用の衣と、胸を覆う衣が加えられました。

日用品としては、タオルやシーツ、座布団、裁断用の小刀、髪を剃るためのカミソリ、裁縫道具、水を濾過(ろか)する道具、薬箱、蚊帳(かや)、箒(ほうき)、草履(ぞうり)、毛抜きや耳かきなどの所持が認められました。これらすべてをそろえるというわけではなく、使いたい者は使ってもよいという程度のものです。

思ったより生活環境が整っていますね。修行を徹底して行う環境が、信者の寄付によって整えられたともいえるでしょう。信者の人びとは、それだけ修行をしている僧に敬意を払っていたということですね。

それでは、食事はどうだったのでしょうか。これもやはり、信者の寄付によってのみ成り立っていました。

「食事は一日に一度、午前中のみ」という大原則があります。修行僧は、午前中に托鉢のため町へ出向き、いただいた食べ物を食しました。

一方で、在家信者の寄進による食事の提供もありました。信者の家へ招待をされることもあり、または精舎へ運び込まれた食事をみなで分配して食べていたようです。この場合も、一日一食という原則がありますから、托鉢と寄進食の両方をいただくということはありません。自炊は認められませんでしたから、托鉢で得るか、寄進していただくかのどちらかです。いずれにせよ、信者の信仰心に基づく寄付によって得られるものですから、供養に値するよう僧たちはますます修行に勤しんだに違いありません。

それでは、ここからは本題の薬について見てみましょう。

四種に分類されたお釈迦さまの薬箱

お釈迦さまは、仏教僧団の環境衛生にとても気を配られ、手洗い、うがい、歯磨き、掃除、洗濯に至るまで、多くのことに関して事細かな規則を設けられました。しかし、多くの人間が共同生活をしているわけですから、健康を害する修行僧も出てきます。病気の僧に対して、お釈迦さまはことのほか優しく接されました。仏教僧団は、午後から食事を摂ることはなかったのですが、それでは病気の僧にとって十分とはいえません。病気による衰弱に加え、栄養も不足していたと思われます。修行の目的は悟りを得ることです。そのためには、衰弱した身体よりも健康体が望ましいとお釈迦さまはお考えになられていたのでしょう。病気の修行僧には、厳しい規則を免除なさいました。まずは病気の療養に専念するようなシステムをとられています。病気の状態や医者の診断を聞いて、陳棄薬以外にも多くの薬を認められるなど、健康を取り戻すよう、とても合理的な対処をなさいました。

律には、お釈迦さまによって認められた薬がたくさん記されています。その多くが、それぞれの病気に対して個々に処方されます。修行僧の病状やその原因を観察され、ときに医者の助言や協力を得ながら、その病理に適した治療を施されました。

それとは別に、薬をまとめてリストアップし、紹介されてもいます。いわゆるお釈迦さまが説かれた薬箱です。

お釈迦さまの薬箱は、それぞれの律によって分類や内容は異なるのですが、基本的に、薬は四種類に分けられました（註3）。

時薬（じやく）――午前中に服用すべき薬。主に食事。
非時薬（ひじやく）――午後から飲むことができる薬用ジュース。
七日薬（なのかやく）――七日間に限って摂ることが許された滋養食。
尽寿薬（じんじゆやく）――生涯にわたり、いつでも服用してよい薬。

とても興味深いことに、時間に則して薬を分類されています。現代的にいえば、時薬は薬膳、食事です。非時薬はビタミン豊富なフルーツジュース。七日薬は調味料。尽寿薬は自然の植物や鉱物などを用いた薬品、いわゆる生薬です。これらの薬には、インド伝統医学であるアーユルヴェーダとの関係性も見て取れますし、現代医学の見地からも十分に有用であると思われる薬が多く記されています。仏典の奥深さ、お釈迦さまの博識と達観した医療概念に、二千五百年後の私たちは目を見張るばかりです。

さぁ、では、お釈迦さまの薬箱の中身をのぞいてみることにしましょう。

この本に登場する律について

少し専門的になりますが、律が記されている書物に関して、簡単にご紹介します。

お釈迦さまがお亡くなりになられて時代が流れると、生活ルールに対する解釈の違いから、仏教僧団はいくつかに分裂しました。まず「上座部」と「大衆部」に分かれ、それぞれはさらに小グループに分かれていきました。上座部からは「説一切有部」「法蔵部」「化地部」など、大衆部からは「一説部」、「多聞部」などが生じました。分裂した仏教僧団では、お釈迦さまの教えを根底に置きつつも、異なる仏典を継承していました。本書でも、複数の律が登場します。

さらに悩ましいことに、律は複数の言語で書かれています。仏教が広く伝播するに従って、お釈迦さまの教えは、その土地の言葉に翻訳されていきました。私たちに馴染みの深いお経は漢訳されたものが多いですが、それは、お釈迦さまの言葉が、当時の中国語に翻訳されたものです。本書では、律全体を眺めるために、パーリ語、漢文、サンスクリット語、チベット語で書かれた六つのテキストを使用しました。簡単に紹介します。

●パーリ語

『パーリ律（vinaya-piṭaka）』…上座部が伝えた律。現在でもスリランカやタイ、ビルマ（ミャンマー）、カンボジア等の南方仏教国で使用されている。

●漢文（翻訳年代順に）

『十誦律（じゅうじゅりつ）』……説一切有部が伝えた律。

『四分律（しぶんりつ）』……法蔵部が伝えた律。

『摩訶僧祇律（まかそうぎりつ）』…大衆部が伝えた律。

『五分律（ごぶんりつ）』……化地部が伝えた律。

●漢文・サンスクリット語・チベット語共通

『根本説一切有部律（こんぽんせついっさいうぶりつ）（mūlasarvāstivāda-vinayavastu, *'dul-ba*）』…根本説一切有部が伝えた律。

この律のみ、三種類の言語で読むことができる。

コラム1

お釈迦さまの履歴書

※表記はパーリ語表記に従っています。

お釈迦さまの生涯を文献をもとにまとめました。
釈迦族の王子として生まれ、三十五歳で悟りを開かれ、
四十五年間の布教活動ののち、旅の途中八十歳で入滅されました。

本名……〔姓〕ゴータマ・〔名〕シッダッタ
ゴータマとは「最も優れた牛」の意。シッダッタとは「目的を達している者」の意。
釈迦とは「釈迦族出身の者」の意。釈尊とは尊称である「釈迦牟尼世尊」の略称で、
「釈迦族出身の聖者」の意。仏とは「目覚めた者、真理を悟った者」の意。

出身地……現在のネパール南部のルンビニー

生年月日…諸説あり。今から約二千五百年前

家族構成

父………スッドーダナ王（浄飯王）（釈迦族の王）

母………マーヤー夫人

養母……マハーパジャーパティー夫人（マーヤー夫人の妹）
異母弟…ナンダ（難陀）（後に出家）
妻………ヤショーダラー妃
息子……ラーフラ（羅睺羅）（後に出家）
従兄弟…アーナンダ（阿難陀）（後に出家、お釈迦さまの侍者を務める）

誕生　ルンビニーにて

・釈迦族の王子として誕生。
・生後間もなく、母マーヤー夫人が亡くなる。
・マーヤー夫人の妹、マハーパジャーパティー夫人が養母となる。
・冬、夏、雨季の三つの宮殿に住む。
・王族としての教養を学ぶ。
・文武両道に秀でながら、悩み多き青年期を過ごす。

結婚　十六歳　カピラヴァットゥ（釈迦国の首都）にて

・ヤショーダラー妃と結婚。

・長男、ラーフラ誕生。

出家　二十九歳

・王子の立場を捨て、城を出て出家。
・高名な二人の瞑想修行者について修行するが、悟りを得られず。
・六年間の苦行。
・村娘スジャータの乳粥の供養をうけて、健康を取り戻す。

成道（じょうどう）　三十五歳　ブッダガヤーにて

・菩提樹の下で坐禅をくみ、悟りを開く。

初転法輪（しょてんぽうりん）　三十五歳　サールナート（ベナレス）の鹿野園（ろくやおん）にて

・五比丘（ごびく）（最初の五人の弟子）に対して、初めての説法を行う。

布教活動　三十五〜八十歳

教えを説くごとに、出家する者が増えてゆく（仏教僧団の誕生）。

〈主な布教場所〉

・マガダ国（首都 王舎城）
　ビンビサーラ王の帰依（「竹林精舎」の寄進）。
　サーリプッタ（舎利弗）、モッガッラーナ（目連）の帰依。
　霊鷲山で多くの説法。

・コーサラ国（首都舎衛城）
　アナータピンディカによる「祇園精舎」の寄進。
　パセーナディ王の帰依。

・シャカ国（お釈迦さまの故郷、首都カピラヴァットゥ）
　父スッドーダナ王と妻ヤショーダラーの帰依。息子ラーフラ、異母弟ナンダ、従兄弟アーナンダ、デーヴァダッタ（提婆達多）らの出家。養母マハーパジャーパティーの出家（初めての尼僧）。＊後に釈迦族は、コーサラ国によって滅ぼされる。

臨終　八十歳　クシナーラー（クシナガラ）にて

・カピラヴァットゥに向け、最後の布教の旅へ。

・旅の途中クシナーラーの沙羅双樹の下で入滅。

第一章

お釈迦さまに聞いた「薬のはなし」

お釈迦さまおすすめの薬

お釈迦さまはおすすめの薬を、時間によって、または使用する部位によって分類し紹介されました。時間による分類は、序文でお話しした通り、「時薬」「非時薬」「七日薬」「尽寿薬」の四つです。さらに尽寿薬は、その使用部位によって「根薬」「茎薬」「葉薬」「花薬」「果実薬」などに分けられました（註4）。そこでは、単に薬を羅列して紹介されるのみで、どのような症状のときに使用するのかは記されておりません。仏教僧団で使用できる薬を、あらかじめ薬箱のなかにストックしておき、必要になったら、そのなかから適当と思われる薬を選んで、処方されていたのだと思われます。

この章では、お釈迦さまの薬箱の一部を、その薬にまつわるエピソードを中心に紹介します。可能な限り、インド伝統医学アーユルヴェーダでの処方例や、チベット医学、中医学、アラビア圏のユナニ医学、さらに西洋医学での効能なども一緒に紹介致します。

午後からは食事をしないのが お釈迦さまの健康法

——一日一食

禅の修行道場では、食事の呼び名が変わっています。朝食のことを小食（しょうじき）、昼食を中食（ちゅうじき）、夕食を薬石（やくせき）といいます。しかも、中食は正午前に食べますし、薬石のときはお唱えごともなしにひっそりといただきます。どうも一般的な食事とは様子が違いますね。実はこれには、ちゃんとした理由があるのです。

お釈迦さまの時代には、午後から食事をすることは禁じられていました。正午から翌日の日の出までを「非時（ひじ）」といいます（註5）。この間は、非時薬（薬用ジュース）以外は口にすることができませんでした。それにはいくつかの元となるエピソードがあります。

夜に食を求めて托鉢をしていた僧が、鬼と間違えられて大騒ぎになったことや、街へ舞台を観に行っていた僧が、そこで飲み食いをしてとがめられたことで、午後からの食事は禁じられるようになりました（註6）。

そもそも、お釈迦さまは一日に一食しか召し上がらなかったようです（註7）。

＊＊＊

お釈迦さまが舎衛城にいらっしゃったときに、こうお話しになられました。

「私は一日に一食しか食べません。それで、身体が軽く、安らかに過ごしています。修行僧たちよ、あなたがたもまた、一食にしてはどうですか。身体が軽くなり、安らかに過ごすことができますよ」

バッダーリという僧が申し上げました。

「お釈迦さま、一日に一食とは、とても

堪えられません。朝夕に食事をしないで、どうやって安らかに過ごせましょうか」

お釈迦さまはおっしゃいました。

「それでは、朝の托鉢のときに、二つの鉢を持って回りなさい。ひとつを『小食』として、もうひとつは『中食』としていただきなさい。すると一日に二食になりますよ」

それでもなお、バッダーリは「堪えられません」といい張ります。

他の修行僧たちは、お釈迦さまの教えに従ったのですが、バッダーリだけは受け入れませんでした（後に彼も従うことになります）。

＊＊＊

修行道場で中食をお昼前にいただくのは、ここから来ているのですね。つまり、午後からは食事をすることができないので、正午になる前に食事を済ませてしまおう、ということです。また午前中に食事を二度いただけるのは、バッダーリが意地を張ってくれたおかげともいえるかもしれません。

では、夕食はどうなのでしょうか。これは「薬石」というだけあって「食」ではなく「薬」としていただきます。あくまでも薬をいただくわけですから、食事のお唱えごともなしに、ひっそりと……となるわけです。

ところで、一日に一食しか食べないで、修行僧たちは大丈夫だったのでしょうか。ある若い僧は、夜中にお腹がすいて、泣き叫んで食事を求めたようです。

それからというもの、二十歳未満の者は修行僧としての生活は難しいのではないかと見なされ、二十歳を過ぎないと出家できないようになりました（註8）。

お釈迦さまを悟りに導いた尊い穀物 ――米

少し乾いた秋風が、ほおに冷たく感じられるころ、金色の穂をつけた稲が、風のなかで穏やかにたゆたっています。あちらこちらで光の合奏がはじまったようです。静かな風に揺れる水田の風景はとても美しく、日本の原風景を見るようで、心が和みます。

およそ二千五百年前の時代を生きられたお釈迦さまも、同じような田園風景を見て心を和ませていらっしゃったのでしょうか。仏教の僧侶が身につけるお袈裟は、水田をモチーフにしているのだそうです。

お釈迦さまの時代には、ぼろ布を集めて縫い合わせていたので、今のお袈裟のように整った外見ではなかったと思いますが、四角い布を縫い合わせて作るお袈裟は、田んぼとあぜ道をイメージした図柄です。生命力あふれる水田のデザインに、それを豊作のイメージ黄金色で染め上げています。とてもシャレていますよね。

お袈裟は、別名を「福田衣（ふくでんえ）」ともいいます。幸福を生み出す田んぼということなのでしょう。お坊さんたちは、幸福な田んぼを身にまとって法要を勤めているのですね。

釈迦族の人びとも、私たち日本人と同じように、お米に親しんでいらっしゃったようです。

お釈迦さまのお父さまは浄飯王（パーリ語でSuddhodana スッドーダナ、「清い米飯」の意）という、お米に因（ちな）んだお名前でした。またお釈迦さまはお悟りを開かれる前に、村娘スジャータ（註9）から乳粥の供養をいただかれましたが、これはお米をミルクで炊いてお粥にしたものです。

私もインドのネーランジャラー川近くのスジャータ村で、この乳粥をいただいたことがあります。甘くてまろやかで、身体の芯から温まるような、とても美味しいお粥でした。残念ながら、私の場合、悟りを開くことはできませんでしたが……。

お米はまた、お釈迦さまが説かれる薬箱にも、薬膳的な意味合いをもつ「時薬」として紹介されています。「お米の栄養をしっかりと吸収して、元気になりなさい」ということでしょうか。日本人の主食であるお米は、お釈迦さまにとっても、馴染み深い身近な食物だったようです。なんだか、お釈迦さまの食生活に親近感をおぼえますね。

では今日も、山盛りによそったご飯をいただくことにしましょう。なんといってもお米は、お釈迦さまのお父さまの名前の由来にもなった食物、そしてお釈迦さまをお悟りへ導かれた功徳(くどく)の高い穀物ですもの、モリモリと清らかな力がわいてきそうですね。

スジャータの乳粥レシピ

2009年にインドのスジャータ村のホテルでいただいた乳粥。あまりに美味しかったので、そのレシピをコックさんに尋ねてみました。

◆材料　3人分

米……100cc
砂糖……100cc
牛乳……約1.6ℓ
好みで、ドライフルーツやナッツ類を少々。

◆作り方

1. 鍋で牛乳を温める。
2. ドライフルーツ、ナッツ類を入れる。
3. 米を入れて蓋をする。
4. 5分ほど沸騰したら、砂糖を入れる。
5. 吹きこぼれないように気をつけて、時々混ぜながら30分加熱。
6. 火を止めて、20分蒸らす。

はい、美味しい乳粥のでき上がりです。牛乳でお米を炊いて、さらに砂糖を入れるとは、ちょっと驚きですが、身体の芯から温まりますよ。癖になる甘さです(実際に作る場合には、砂糖の量を減らすなり、適宜調整してくださいね)。

健康メニューのお粥に秘められた十の功徳(くどく)——粥

食事は、修行僧たちのささやかな楽しみです。日も昇らぬうちから跳ね起きて、坐禅に読経(どきょう)に掃除にと、張りつめた時間のなかを朝から全力で打ち込みます。そして、心身ともにくたびれてくるころ、ようやく朝の「お粥」をいただきます。ふぅ～。

修行中は規則（禅では清規(しんぎ)といいます）に基づいて行動します。もちろん、お粥をいただくときにも、しっかりと作法があります。

食時のときには応量器(おうりょうき)という、黒塗りで優美なフォルムの食器を使います。これはとても合理的につくられているのですが、美しく使いこなすのが、まぁ大変。作法がおそろしく難しいのです。器の配置はもちろん、布巾のたたみかた、箸袋の折りかた、箸や匙(さじ)を置く角度まで決められています。両手の親指と人差し指、中指の三本を使って、一切音を立てないように食事の用意をします。

万が一、器を落として割ってしまったら、もう大変。強制的に寺からおろされることもありますから、器を扱う指先に全神経を集中させて取り扱います。そして、食器の配置が完了したころ、

「シュウユウジリ・ニョイアンジン……」

という呪文のような言葉が給仕係から聞こえてくると、ようやくお粥の登場です。

寒い冬には特に、お粥は最高のごちそうです。凍りついた空気に、あつあつのお粥。メガネがくもり、かじかんだ指にゆっくりと感覚がもどってきます。冷えきった身体が、内側から熱を帯びてくるよう。鼻水をすすりながら、お粥が身体中に沁みわたるのを感じます。まさに至福のときです。

さて、呪文みたいに聞こえるあの言葉も、

お経と同じように、ちゃんと意味があるのです。前述の「シュウユウジリ」とは「粥有十利（しゅうゆうじり）」。つまり「お粥には十の功徳があるんだよ」といっているわけです。

お粥の十の効果はお釈迦さまもお説きになられていますし（註10）、道元禅師も『赴粥飯法（ふしゅくはんぽう）』のなかで説かれています。

一、色つやがよくなります。
二、力がわいてきます。
三、長生きします。
四、心地よくなります。
五、言葉がなめらかになります。
六、未消化の食べ物を除きます。
七、風（ヴァータ（註11））を整えます。
八、飢えを除きます。
九、喉の渇きがなくなります。
十、大小便の調子がよくなります。

ほら、すごいですね。お粥には、こんなにも功徳があるんですよ。やっぱり、お粥ですよ、お粥さん。あつあつのお粥をいただいて、十の功徳も一緒にいただいちゃいましょう。

8種のお粥

『十誦律』によると、八種類のお粥があるそうです(註12)。

1. 酥(そ)粥(バター粥)
2. 胡麻粥
3. 油粥
4. 乳粥
5. 小豆粥
6. 摩沙豆(ましゃず)粥(隠元豆の粥)
7. 麻子(まし)粥(麻の実が入った粥)
8. 清粥(プレーンの粥)

結構バラエティに富んでいますね。このなかに、スジャータが供養した「乳粥」が入っているのが興味深いところです。乳粥は当時、ポピュラーなお粥だったのかもしれません。

私も修行時代には、行事の際の餅粥や、お祝いの小豆粥をいただいたことがあります。なにせ毎朝お粥をいただくものですから、時には変わったお粥が出てくると、とても嬉しかったものです。

今も昔もショウガは常備薬
——ショウガ

外国人がよく知る日本語に「sushi（寿司）」があります。健康食として海外でも人気が高く、外国の大きな都市には、たいてい寿司屋さんがのれんを出しています。寿司はすっかり国際的になりました。ところが、私が知る外国の友達に限っていえば、「ガリ」は苦手のようです。なにも知らず口にしたはいいものの、唇をすぼめて頬張る赤い顔に、大笑いしたものです。でも日本人にとって、ガリはなくてはならないもの。寿司の合間に、ちょいとつまんで、次のネタに手を伸ばす。ガリのさっぱりとした辛味と甘酸っぱさが、口の中の魚臭さを消して、舌がリフレッシュします。ガリには、唾液中の消化酵素を促進させる効果や、強い殺菌作用がありますから、寿司には、やっぱりガリが必要ですよね。

お釈迦さまの薬箱にも、ショウガ（生姜）は登場します。もちろん、おつまみとしてではありませんよ。ショウガの根の部分を「尽寿薬」としてすすめられています。序文でもお話しした通り、尽寿薬とは、生涯にわたって所有を認められたものですから、初期仏教僧団にとって、ショウガはいつでも使用できる常備薬だったのですね。インドでも古くからショウガの根茎は、保存食や医薬品として用いられ、インド伝統医学アーユルヴェーダでは耳疾治療や鼻疾患、声帯の治療に使われていたようです。

Zingiber officinale Rosc.

Skt. आर्द्रक ārdraka
Tibet སྒེ་ཧུ་གསེར་ sge-hu gśer
漢訳 生薑
日本名 ショウガ
English ginger
(dry ginger)
Skt. शुण्ठी śuṇṭhī
Pāli siṅgivera

leaf 葉
inflorescence 花
rhizome 根

ショウガは、民間療法としてもよく用いられます。身体を温める効果があることから、すりおろしたショウガに砂糖を加えた「ショウガ湯」を、風邪のひきはじめに飲用します。温かいショウガ湯を飲んで、じっとりと汗をかいて、風邪を治したというかたも多いのではありませんか？　以前観たアメリカ映画で、微熱のある子どもに、母親がジンジャエールをすすめるシーンがありました。「ジンジャエールって、ショウガ湯なんだぁ」と、妙に納得した覚えがあります。

またショウガは、温湿布として、腰痛や肩こり、しもやけにも効果があるほか、芳香性健胃薬として、または食欲増進を目的としても用いられます。さらに、ショウガ浴は身体の痛みを和らげ、気分爽快、リラックスさせるといわれます。日本でも古事記に記載されるほど、その歴史は長いのですよ。洋の東西を問わず、ショウガは古くから薬用として珍重されてきたんですね。

あぁ、なんだか美味しいショウガを食べたくなってきました。スープやきんぴら、ショウガ焼き……などたくさんのショウガ料理。さて、今夜は何にしましょうか？　そうだ、また外国の友人を誘って、お寿司でも食べにいきましょうかね。紅ショウガに負けないほどの、赤い顔を見られるかもしれません。

加熱すると身体を温める効果が強力にアップ

体温アップの切り札的食材として注目されているショウガですが、その薬効の主役となるのが、辛み成分であるジンゲロールとショウガオールです。殺菌作用や身体の末端・体表の血流を促進させる効果に優れたジンゲロールに対して、体内の脂肪や糖質を燃焼させて体温を上昇させるのがショウガオールの働き。ジンゲロールは加熱することでショウガオールへと変化します。

実はこれは日本漢方の生姜(しょうきょう)と乾姜(かんきょう)の関係で、生ショウガを乾燥させた生姜は風邪のひきはじめに、蒸して乾燥させた乾姜は冷え症体質の改善に効果があります。

漢方では「冷えは万病のもと」、実際に体温が１度上がると免疫力は約30パーセント、代謝は約12パーセント上昇するといわれています。風邪などの感染症や、糖尿病など代謝の低下が招く病気の予防に、積極的にショウガを活用しましょう。

世界史を変えたスパイス
——コショウ

歴史を動かした植物、そんな華やかで名誉ある呼称をもつコショウ（胡椒）。現在では、どこの食卓にもある身近な香辛料ですが、かつてはとても高価なものでした。紀元一世紀のローマでは、コショウが、同じ重さの金や銀と交換されていたほどです。

その活躍ぶりは、多岐にわたります。冷蔵技術がなかった時代には、食物を長期保存するための必需品として、また家庭料理にも不可欠なものとなっていきます。それだけコショウの味や香り、保存性の高さが優れているのです。

また中世ヨーロッパの時代になると、街にたちこめる悪臭のなかで、露店に並べられたコショウはひときわ誇り高き香りを放っていました。他のスパイスの十倍以上の値がつきましたから、コショウはただのスパイスではなくなりました。やがて、一攫千金を狙う商人も多く現れます。大航海時代には、幾多の船乗りたちが、今にも浸水しそうな船に乗り込み、船団をくんで海へ乗りだしました。コショウを求めて、大西洋の大海原へ！　目指すは、インド・アジア大陸！

そもそもコショウは、南インド原産で、紀元前五〇〇年にはすでに使用されていたようです（同じころ、医学の父と呼ばれたヒポクラテスがコショウの薬効を書き

残しています）。インドの大叙事詩『ラーマーヤナ』や、バラモン教の聖典『アタルヴァ・ヴェーダ』にも登場します。とにかくコショウにまつわるエピソードは、スケールが大きいのです。

またコショウは、お釈迦さまの薬箱にも、「尽寿薬」としてリストアップされています。病気の修行者に対しては、コショウの果実の使用をすすめられたそうですが、私たちがよく使う粒コショウの形で、使用されていたのでしょうか。

コショウに含まれるピペリンという物質には、抗菌、防腐、防虫作用がありますから、薬としての役割に加え、食物などの保存を目的として使用されたのではないかと考えられます。興味深いことに、コショウは、病気の有無にかかわらず、またどんな時間にでも使用してよいとされました（註13）。これは例外中の例外です。仏教僧団においても、コショウは特別なものだったのですね。

ところで、先に述べた、大西洋にくり出した船乗りのなかには、新たなる発見をした者もいます。イタリア生まれの探検家のコロンブスたちです。苦難の航海の先に、彼らが見つけたもの。それはコショウではなく、アメリカ大陸！

コショウは、まさに、世界史を変えた植物なのですね。

辛味成分のピペリンは、ピリリと辛いほど効果的

お釈迦さまが尽寿薬として認められたコショウ。その健康成分の中心となるピペリンは、コショウの辛味成分で、これまで多くの研究で、冷えの改善や栄養の吸収を促進する効果が認められています。

ピペリンは、エネルギー代謝をアップする働き、さらに血管を拡張して血流をスムーズにする働きの相乗作用で冷えを改善。

実は、古代インド医学のアーユルヴェーダでも、コショウは熱産生栄養素といわれ、脂肪や老廃物を燃焼させて血管を浄化する作用があるといわれています。

また、血液中に栄養素を取り込む作用もあるピペリン。アーユルヴェーダでは、栄養素の消化吸収促進の目的から、伝統処方の約３分の２にコショウが配合されているとか。辛み成分であるピペリンを摂ることが目的なら、ピリリと刺激の強い黒コショウを効かせた料理がおすすめです。

美容や健康にいいゴマは、ロマンチックな植物

——ゴマ

「開け、ゴマ（胡麻）！」

『アリババと四十人の盗賊』でお馴染みのこの言葉。語呂（ごろ）がいいので、子どものころ、呪文の言葉としてよく使っていました。

エジプトの友人に、そんな話をすると、

「原語のアラビア語でも、iftah yā simsim（イフタフ・ヤー・シムシム）って、リズムがいい言葉なんだよ。日本語に訳すと『さぁ！　開けよ、ゴマ』って意味なんだ」

あら、直訳だったんだね。でも、なんでゴマなんだろうね？

「ゴマの種子は、パシッと音をたてて、さやからいっせいに飛び出すんだ。ゴマは古代『金のなる樹』といわれるほど貴重なものだったたから、高価なゴマが一気にはじけ出すように、宝物が突然目の前に現れる、そんなイメージなんじゃないかな」

へぇ〜、おもしろいねぇ。

お釈迦さまの薬箱にも、ゴマは「七日薬」として挙げられています。ゴマはその風味のよさもさることながら、滋養強壮や便通にもよい食べ物として知られています。

Sesamum indicum L.

サンスクリット語，パーリ語
तिल　tila

チベット語
ཏིལ་　til

漢訳：胡麻，芝麻

和名：ゴマ，胡麻

そもそもゴマは、アフリカ原産とされながらも、そのラテン語名は「Sesamum indicum（〝インド〟という名のゴマ属の植物）」というほど、インドに馴染みの深い食物。紀元前三〇〇〇年ごろに栄えたモヘンジョダロやハラッパ遺跡からも、ゴマの種子が発見されています。ゴマ油は、インドの伝統医学アーユルヴェーダで、最も優れた食物のひとつに挙げられていますし、現在でもオイル・マッサージによく使われています。美容にもいいんですね。

「クレオパトラも、美容液にゴマ油を使っていたらしいよ」

エジプトの友人が新たな情報を教えてくれました。

「ツタンカーメンの『黄金の玉座』って知ってる？　あの玉座の背面には、王妃アンケセナーメンが、ツタンカーメン王に香料を塗っている様子が描かれているんだけど、その香料ってのが、ゴマ油だったんじゃないかっていわれているんだ」

ええ！　本当に？　ゴマってすごいね！

「うん。ゴマは、すっごく高貴で素晴らしいものなのに、どうして日本では否定的な意味で使われるんだろうね。ほら、『ゴマをする』とか『ゴマかす』とかさ！」

う〜む、ゴマはロマンとミステリーに満ちた植物です。

強力なアンチエイジング力で、食べ続ければ仙人になれる?!

古来ゴマの健康効果は広く知られていますが、成分の半分を占めるのがリノール酸、パルミチン酸、ステアリン酸などの油脂成分。カルシウムやビタミンB群も豊富に含まれて、精神を落ち着かせる効果に優れています。

実は健康と食の関係を記した中国の古典書『食経』では、不老不死の力を得た仙人になる食べ物としてゴマが取り上げられています。

それによれば「ゴマを食べるとあらゆる長患いが治る。長期間服用し続けると寿命を延ばし、健康にし、老化を防ぐ」と、アンチエイジング効果が抜群！

薬膳では、黒ゴマは血液や体液を増やして黒く艶やかな髪にする効果があるとされ、かの西太后は美髪美容のために黒ゴマを食し、70歳になっても１本の白髪もなかったとか。

美容のためには、鉄分とポリフェノールたっぷりの黒ゴマを選んでください。

そびえ立つ幹が「空(くう)」の思想につながる　——バナナ

子どものころ、夏の空は、抜けるような青さでした。草野球の練習を終えた後、白いランニングシャツで縁側に腰掛け、巨大な入道雲を眺めながらバナナジュースをキューーッと飲み干したものです。甘くざらつく後味と、あごからこぼれ落ちる汗の匂いを、懐かしく思い出します。

お釈迦さまの薬箱にも、バナナジュースが入っています。午後から摂ることのできる「非時薬（薬用ジュース）」としてすすめられています。まさか、冷やしてキューッと飲むわけにはいかなかったでしょうが、バナナジュースがお薬としてリストアップされていたこと自体が、なんだか嬉しいですね。

さて、このバナナ。サンスクリット語では「カダリー（kadalī）」といいます。この言葉は、アーリア人がインドに移住する前の、インド先住民が使っていた言葉からの借用語なのだそうです。バナナはとても古い時代から食べられていたのですね。

お釈迦さまの時代にも、普通に食べられていたのでしょう。

仏典ではサンスクリット語で「モーチャ（moca）」として登場します。これが「毛者」と音写され、「芭蕉」と漢訳されました。そう、江戸時代の俳人、松尾芭蕉の名

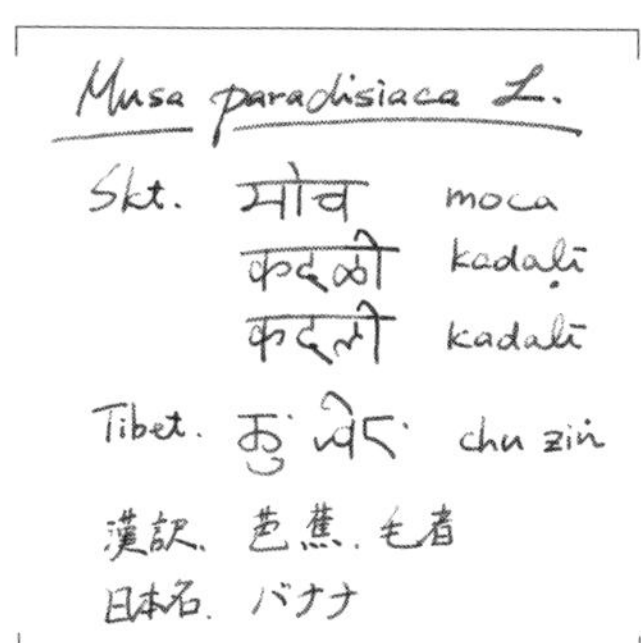

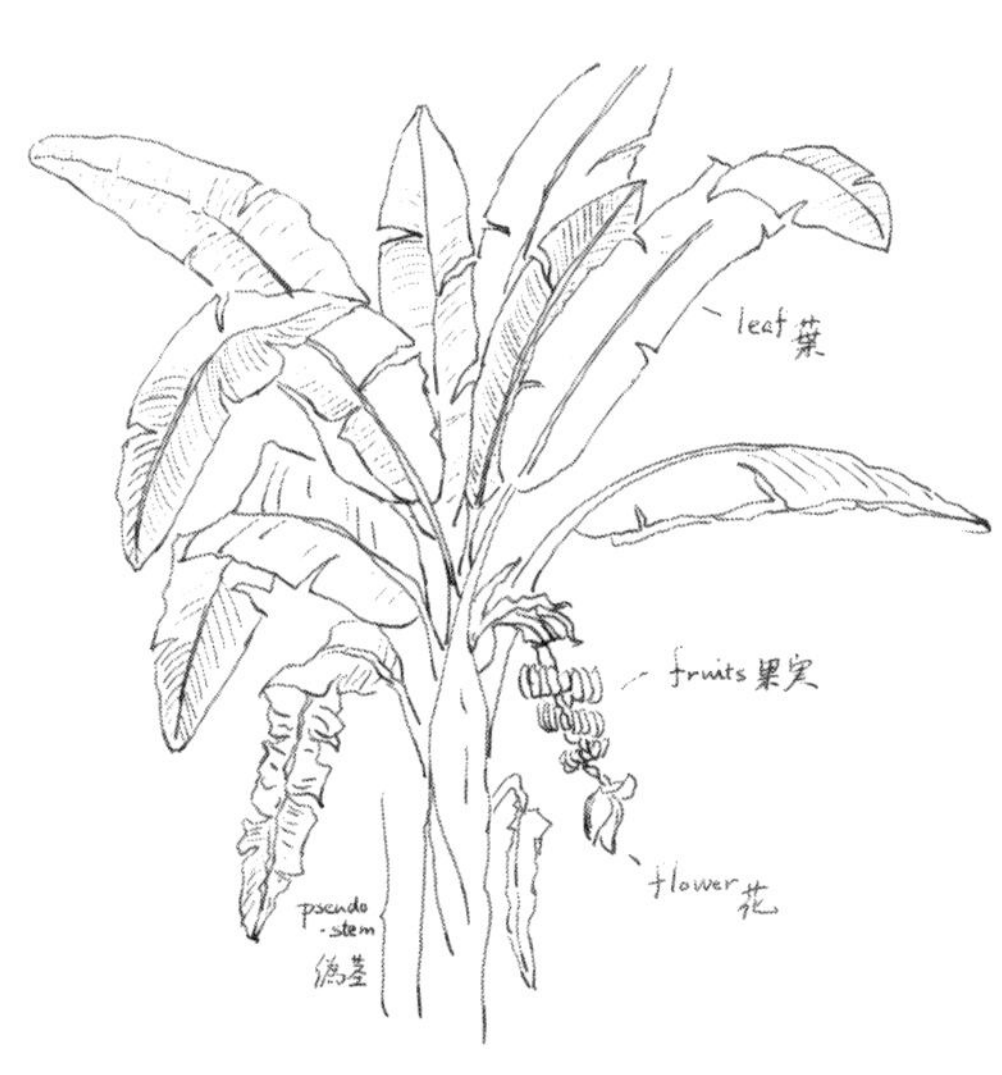

前の由来にもなった「芭蕉」です。かの偉大なる俳人も、現代だと「松尾バナナ」って、とてもファンキーなネーミングになるのですね。

ところで、バナナの木を見たことがありますか？　かなり大きく育ちます。二〜十メートル程度、伸びるそうです。青空に、高くそびえるバナナの木。まさにトロピカル・ドリンクが似合う、南国の光景ですね。

でも、あれって、木じゃないんです。バナナって、多年草なんです。草なんです！　あの木の幹のように見えるもの、あれは硬い葉っぱが重なり合って木の幹みたいに見えているだけなんですよ。その葉をむいていくと、バナナの幹みたいなもの（偽茎といいます）はなくなってしまいます。あると思っていたバナナの木の幹が、実は、なかった！　あぁ、ショック！

このように、「存在していると思われるものも、実は実体がないのだ。空なのだ」と、仏典では「空」を説くための比喩として、バナナが使われることもあります（註14）。または、柔らかくてもろいバナナを、優柔不断な危うい修行心にたとえることもあります。

美味しいだけではなく、味わい深いですね。

腹持ちもよく整腸作用にも優れた高バランス食材

お釈迦さまの時代には「非時薬」として僧侶の健康と腹持ちを支えていたのは、バナナの栄養の主成分となる糖質でしょう。

バナナには、ブドウ糖、果糖、ショ糖など種類の異なる糖質が含まれており、これらの糖質が異なる速度で消化吸収されます。すぐにエネルギーになるものもあれば、ゆっくりと消化吸収されるものもあって、それが腹持ちのよさにもつながっているのです。

また、水溶性と不溶性の２種類の食物繊維を含んでおり、整腸作用に優れている点でも見逃せません。人体の免疫細胞の約70パーセントが腸に集中しているといわれていますから、腸の健康は、単に便秘の解消にとどまらず、ウイルスや細菌と戦う体の免疫力を左右する大事なポイントです。

他にも、免疫力アップに欠かせないビタミンＡ、Ｃ、Ｅやポリフェノールなども豊富に含まれています。

僧侶のお袈裟を染めて、仏教僧団のカラーとなった香辛料

――ウコン

春、桜が咲きはじめると、于武陵の『酒を勧む』が頭に浮かびます。

勧君金屈巵
満酌不須辞
花発多風雨
人生足別離

君に勧む　金屈巵
満酌　辞するを須いず
花発けば　風雨多く
人生　別離足し

これには、井伏鱒二の名訳があります。

コノサカヅキヲ受ケテクレ

Curcuma longa L.

サンスクリット語

हरिद्रा haridrā

वरवर्णिनी varavarṇinī

パーリ語

haliddā

チベット語

ཡུང་ yuṅ

ཡུང་བ་ yuṅ ba

漢訳　黄薑，姜黄

日本名　ウコン

ドウゾナミナミツガシテオクレ
ハナニアラシノタトヘモアルゾ
「サヨナラ」ダケガ人生ダ

桜の樹の下で、杯をかたむける人びと。心地よい春風に、舞い散る桜。なみなみと注がれたお酒に、人生の儚(はかな)さが映し出されているようです。

な〜んて、キザなことをいわなくても、お花見にはお酒がよく似合いますね。

でも、つい飲みすぎてしまったら、ウコン（鬱金）がいいですよ。ウコンに含まれるクルクミンという成分が、胆汁の分泌を促進して、二日酔いの原因となるアセトアルデヒドの分解促進をしてくれます。

ウコンの粉末は、黄色〜オレンジ色で、天

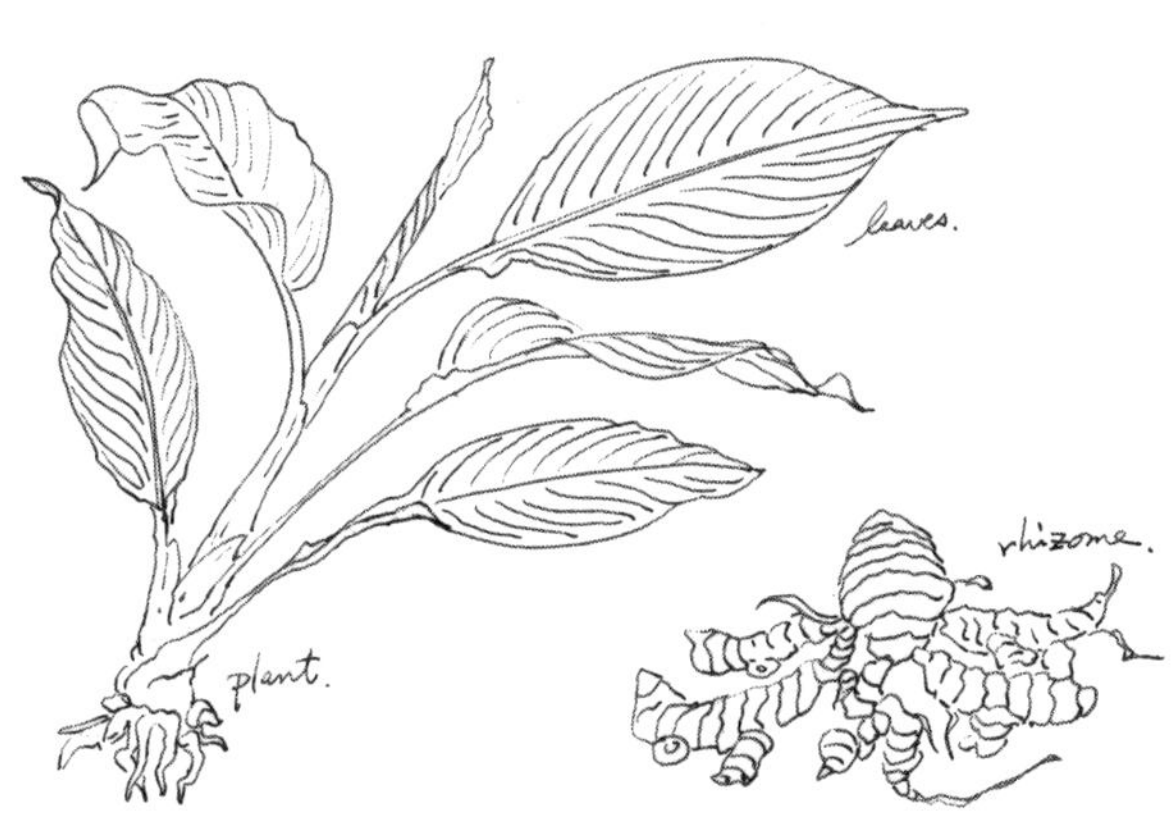

然の食用色素としても用いられます。仏教初期の僧侶が身につけるお袈裟は、ウコンで染められていました。ほら、よくテレビで黄色やオレンジ色の衣を身につけた、東南アジアのお坊さんを見るでしょう。あの色です。

クルクミンには殺菌性がありますから、衣を衛生的に保つ目的もあったのでしょう。使い古したぼろ布を継ぎ合わせて作るお袈裟は、とても清潔とはいえません。ウコンで染めることによって、殺菌され、継ぎはぎの生地が綺麗な色合いになります。合理的で衛生的、しかもファッショナブルですね。

ウコンがなかったら、僧侶のお袈裟の色もずいぶんと違った色になっていたのかもしれません。

また、ウコンの根は「尽寿薬」に分類されるお釈迦さまおすすめの薬です。もちろん二日酔い対策ではありませんよ。インド伝統医学のアーユルヴェーダでは、食欲不振や肝臓病、糖尿病などに広く処方されています。

ウコンがあるといっても、飲み過ぎはNG。「酒は百薬の長」ともいいます。まさに薬となるような飲みかたをしてくださいね。

黄色の色素クルクミンが薬効成分の主役

胆汁の分泌を活性化して肝機能を改善したり、アルコールを分解する酵素をサポートして二日酔いを予防したりと、多くの健康効果が知られるウコン。薬効の主役となるクルクミンは、鮮やかな赤みを帯びた黄色の色素成分で、優れた抗酸化力をもつポリフェノールの一種です。

ウコンの別名は、カレーには欠かせない香辛料の「ターメリック」。食物の保存性を高めて、料理を美しく仕上げる役割をする香辛料として、昔は金や宝石に匹敵するほど貴重な存在だったといいます。

アーユルヴェーダでは、胃薬や強壮剤、血液浄化剤として内服する以外に、皮膚病の治療に外用薬としても使われています。牛乳に砂糖とウコンを混ぜて沸騰させたドリンクは、風邪予防の伝統療法として知られています。寒い季節にはぜひ試してみたいものです。

お釈迦さまの教えにもたとえられた、乳製品の最高峰 ——醍醐(だいご)

夏の夜空に、天の川がとてもきれいに流れています。このうるわしい光の帯を、ギリシャ神話では「ミルクの環(わ)」と表現し、ここから英語でも「milky way」と呼ぶようになりました。いつまでも見上げていたい、美しい眺めです。

曹洞宗の開祖、道元(どうげん)禅師が説かれた『正法眼蔵(しょうぼうげんぞう)』という書物があります。そのなかで重要な巻のひとつ、「現成公案(げんじょうこうあん)」の最後は、こう締めくくられています。

仏家の風は、大地の黄金なるを現成(げんじょう)せしめ、長河の蘇酪(そらく)を参熟せり。

「仏の教えによって、大地は黄金となり、大河は蘇酪が熟成した状態となる」のだそうです。大地が黄金になるというのですから、すごいたとえですよね。

ではもう一方の、「蘇酪が熟成」した状態とはどのようなものなのでしょう。ちょっと数学記号を使って考えてみましょう。

大地 ＝ 黄金
大河 ＝ 蘇酪が熟成

う〜ん。ということは、蘇酪が熟成すると、黄金と同じ価値があるものが生じるということでしょうか。

「蘇酪」とは、乳製品のこと。『大般涅槃経』には、乳製品が精製されていく過程を「乳→酪→生酥(しょうそ)→熟酥→醍醐」と記されています。乳製品が熟成して、最終的に醍醐ができ上がります。醍醐は最終製品にして、最高級品なのです。

ところがこの醍醐、道元禅師が活躍なさっていた鎌倉時代の日本では作られてはお

らず、幻の食品だったようです。中国の薬草書『本草綱目（ほんぞうこうもく）』には、醍醐は良質の「酥」から作ると書いてあります。しかも回収率はたったの三〜四パーセント。これは、まさに貴重品です。『本草綱目』通りに実際に作ってみると、黄金色のオイル状の物質ができ上がったそうですよ（註15）。お〜、すごい、醍醐も金色なのですね。先の連立式をまとめるとこうなります。

大河　＝　蘇酪が熟成　＝　醍醐　（≒黄金）

最高級品の醍醐が、大河にあふれ流れている。大河がすべて黄金色に輝く乳製品で充ち満ちている。これまたすごいたとえです。それほど仏さまの教えは尊いものなのですね。

お釈迦さまの教えを胸に夏の夜空を眺めると、天の川がまた違って見えてきますよ。ほら、ミルクの環が熟成していくようです。黄金に煌（きら）めいて見えませんか。

牛乳を飲むようになったのは仏教が影響？

日本人が牛乳を飲むようになったのは、６世紀に仏教が伝来してからだそうです。

それまで日本人は、牛などの動物の肉を食べていたのですが、仏教の不殺生の教えが広まると、天武天皇や聖武天皇、そして称徳天皇の時代に詔勅が出され、肉食が禁じられるようになりました。それで、タンパク質の欠乏を補うために、牛乳の飲料がすすめられたというのです(註16)。

日本で初めて牛乳を飲まれたのは孝徳天皇(在位645～654年)と記されています(註17)。天皇は「牛乳は人の身体をよくする薬である」と大いに喜ばれ、牛乳をすすめた善那(ぜんな)という名の渡来人に、和薬使主(やまとのくすしのおみ)という姓を与えられています。牛乳は薬とみなされていたのですね。

それ以後、日本でも牛の乳搾りや、牛乳の加工が行われるようになり、大宝律令(701年)では、官制の酪農家(乳戸(にゅうこ))が定められて、牛乳や乳製品が献上されるようになりました(註18)。

人の手で集められた花の蜜。その甘さが伝えるおもてなしの心

——花蜜（かみつ）

中東の旅には、甘い紅茶がつきものです。街でも店でも自宅でも、どこでも紅茶。私が旅したトルコのある店では、口髭の気さくなアラブの兄さんが、小さなグラスに熱い紅茶を注いでくれました。そこへ信じられないほどの砂糖をどっさり、「はい、どうぞ」。目の前に、明らかに飽和状態に達している、いや、溶けきらない砂糖がグラスの底にゆれる紅茶が出されました。おそるおそる口にすると、脳天直撃、頭にキーン！　あまりの甘さにめまいをおぼえたほどです。

「美味しいけれど、かなり甘いね」というと、「甘さでおもてなしの気持ちを表わすんだ」とウインクされました。私はよほど歓迎されていたようです。さらにめまいがしてきました。

所変わってスリランカでは、めずらしい紅茶の飲みかたを教わりました。ハクルという固形の甘味料を口にふくんだまま、紅茶をいただくのです。砂糖を直接紅茶

に入れて溶かすのではなく、ハクルを口の中で溶かしながら紅茶を飲むのです。これがけっこうイケます。香り高い紅茶が、口の中のハクルを包み込んで、甘く柔らかく喉を通っていく――。固い黒砂糖を口に入れて紅茶を飲むようなイメージです。聞けばこのハクル、ヤシの花から採れる蜜を固めたものだそうです。どうりで、蜂が集めたハチミツとは、ずいぶんと味が違います。

サンスクリット語
शर्करा śarkarā
チベット語
ཤ་ཁ་ར śa khara
漢訳
石蜜
日本名
花蜜

花から分泌される蜜の総称を「花蜜」といいます。この花蜜は、お釈迦さまの薬箱「七日薬」にも載っています。いろいろな植物から蜜を採っていたようで、『摩訶僧祇律』(註19)では、槃拕蜜(はんだみつ)・那羅蜜(ならみつ)・縵闍蜜(まんじゃみつ)・摩訶毘梨蜜(まかびりみつ)の四種類の花蜜が紹介されています(残念ながら何の花から採ったのかはわかりません)。病気の修行僧たちは、滋養分たっぷりの花蜜をほおばって、体力を回復させていたのでしょうか。紅茶があれば申し分なし、だったのでしょうね。

ところで、禅寺では、位の高いお坊さんが到着されると「蜜湯(みっとう)」を出します。これは、ハチミツをお湯に溶かした飲み物です(この蜜湯は、もともと天然の植物からとりだした蜜を使っていたのだそうです)。これに、箸にはさんだ梅肉をそえて、うやうやしく差し上げます。遠路からのお客さまに、汗をかかれてお疲れになられたでしょうと、甘い飲み物に塩分補給。これこそ、おもてなしの心ですよ。甘いばかりがミソじゃないのです。

場所が違っても、甘い飲み物は「おもてなし」の心を表わすものなのですね。とはいえ、甘さは、ほどほどに。

旅の疲れに花蜜を

お釈迦さまが1250人の僧たちとともに、王舎城から毘舎離へと遊行(移動すること)されていたときのことです(註20)。

象行という名の長者が、毘舎離から王舎城へ戻ってくるところでした。長者はお釈迦さまのご一行に気が付くと、お釈迦さまのあまりにも神々しいお姿に感動し、石蜜(花蜜の一種)の供養を申し出ました。お釈迦さまはこれを承諾され、お供の僧全員にも石蜜が供養されました。そこでお釈迦さまは長者に種々のありがたいお説法をなさり、長者は大いに喜んだということです。

また、いただいた石蜜に関して、「これから空腹のときには食し、喉が渇いたら水で薄めて飲むようにしなさい」と、お釈迦さまは僧たちにおっしゃり、この石蜜を遊行中の栄養補給食にするようにすすめられました。

やはり花蜜は、旅の疲れにぴったりなのでしょう。禅寺で蜜湯を出すのも、このエピソードがもとになっているのかもしれません。

食用としても薬用としても古代から珍重されてきた不思議な果実
――ナツメ

お釈迦さまおすすめの「非時薬（薬用ジュース）」に、コーラがあるんですよ。コーラといっても、某炭酸飲料水の「cola」ではありません。一文字違い、サンスクリット語の「kola」です。こちらのコーラ（kola）は「ナツメ（棗）」のことです。お釈迦さまは、ナツメのジュースを、お薬として午後から飲んでもよいとされました。体調がすぐれない修行僧に対して「コーラでも飲んで、午後はゆっくりしなさいね」

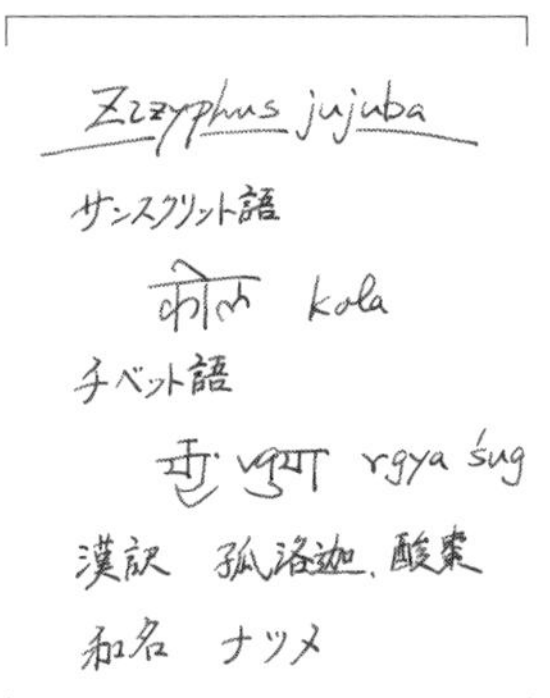

と、優しく語りかけていらっしゃったのでしょうか。ふふふっ、微笑ましい光景を想像してしまいます。

　ナツメは滋養強壮や食欲不振、精神の安定などに効果があります。インドのアーユルヴェーダやチベット医学、中医学でも、古くから薬用として使用されてきた植物です。中国最初の薬草書『神農本草経』に「大棗」（果実）と「酸棗」（種子）が、日本最古の薬草辞典『本草和名』には「大棗、和名於保奈都女」として記載されています。

　また、ナツメは食用としても長い歴史をもっています。古くはインダス文明の時代にも食べられていたようで、ハラッパ遺跡からは、ナツメの木から作ったすり鉢が発掘されています。ナツメの木は硬くて頑丈なので、入れ物としても使用されていたようです。日本でも「棗」という茶道具がありますが、これは抹茶を入れる漆塗りの容器のことです。まぁ、この場合の棗は、その形がナツメの果実に似ているから名付けられただけですけれどね。

ナツメは日本にも奈良時代以前から伝わっていて、万葉集にも詠われています。ナツメは、古代から世界中の人びとの生活に、馴染みの深い植物なのでしょう。

そうそう、ナツメの葉には、おもしろい特徴があるんですよ。葉を噛むと、舌が甘みを感じなくなってしまうのです。葉に含まれる成分が、舌の甘味センサーをブロックしてしまうからです。ナツメの果実は、少し酸味があって、甘く、とても美味しいのですが、間違って葉を噛んでから果実を食べると、甘みを感じなくなってしまう不思議な植物なのです。食べる順番にはご注意くださいね。

ところで、ナツメを漢字で書くと「棗」。この「朿」を横に並べると「棘」になります。実際に、ナツメの木には「とげ」があります。「イバラの道」とは、薔薇ではなく、ナツメが生えていた道だったのかもしれませんよ。その先には、眠れる森の美女がいたりして……。姫が百年の眠りから目覚めたら、一緒にコーラで乾杯でもしましょうか。

楊貴妃(ようきひ)の美肌の源となった アンチエイジング・フーズ

「一日食三棗、終生不顕老」

これは、「毎日３個のナツメを食べれば、老いが現れない」という中国のことわざ。絶世の美女として名高い楊貴妃は、きめ細かい美肌を維持するためにナツメを常食していたといいます。

ナツメには、カリウム、カルシウム、マグネシウムといったミネラルと食物繊維が豊富に含まれています。カリウムには、胃や肝臓にたまっている老廃物を排出させる働きがあり、食物繊維は便秘解消には不可欠な栄養素です。

一方、漢方では乾燥したナツメの実を大棗といい、胃腸機能の回復や緊張による痛みの緩和などによく使います。

さらに、身体を温める作用や利尿作用もありますから、胃腸の働きや血液循環を活発にして体内の毒素を排出し、利尿の効果も加わった抜群のデトックス食材であることは間違いないようです。

世界の伝統医学で用いられ、キリストの血の象徴ともなった植物

——ブドウ

「これはキリストの血である」

グレーの髭をたくわえた神父さんが、磨き込まれた銀色の杯を、信者さんに手渡されました。みなさん、静かに少しずつ口にされます。

私はキリスト教や神道などの、さまざまな宗教者が対話する会に参加しているのですが、その際、カソリックのミサで、初めて聖体拝領の儀式を見たときは驚きました。杯に入ったブドウ酒を、信者さんたちが少し飲んでは、次のかたに渡されていくのです。とても丁寧に、うやうやしく。聖杯を厳(おごそ)かに扱われるその身のこなしかたは、茶道で行うお濃茶(こいちゃ)の回し飲みの所作(しょさ)のようにも感じられました。

二千年もの長きにわたって、ブドウ酒は、キリストの血として、信仰の証として、ミサで用いられてきたのですね。もちろん、信者でもない禅僧の私に杯が回ってくることはありません。

Vitis vinifera L.

サンスクリット語

मृद्वीका mṛdvīkā

チベット語

རྐུན་འབྲུ rkun ḥbru

漢訳：蒲萄・蔑栗墜

和名：ヨーロッパブドウ

ブドウの栽培は古く、一説によると紀元前三〇〇〇年以上前から、すでに地中海東部で始まっていたようです。メソポタミア文明の楔形（くさびがた）文字でも、ブドウに関する記録が残されています。それから、セム族が西に伝えてエジプト方面へ、そしてアーリア人が東に伝えてインド方面に広がっていったようです。

ブドウは土地の条件さえ合えば、挿し木で栽培できますから、大航海時代には、世界中に広がっていきました。日本では、奈良時代に行基菩薩（ぎょうき）が、お薬としてブドウの栽培をなさったのが始まりといわれています。それが甲府ブドウなんですって。あら、私が好きな甲州ワインは、行基菩薩さまがお伝えになった種をもとにして作られているのでしょうか。次に飲むときは、うやうやしく口にしましょう。

お釈迦さまの時代にも、ブドウは日常的に栽培されていたようで、お釈迦さまの薬箱にも、ブドウジュースが入っています。午後から摂ることのできる「非時薬（薬用ジュース）」として、病気の修行僧たちにすすめられています。

そして、ブドウは薬用としても有用です。インドの伝統医学アーユルヴェーダでは最も優れた果実のひとつとして記され、アラビア圏のユナニ医学でも有用な植物とされています。そもそも、ヨーロッパブドウの学術名「Vitis vinifera」のVitisという言葉は、ラテン語で「人生、生命」を表わすvitaを語源としています。ブドウは私たちの人生に活力を与えるものとして、古代から知られていたのですね。

遠い古（いにしえ）を想いながら、グラスに注いだブドウジュースをかたむけましょうか。よ～し、なんだかグングンと活力がわいてきましたよ！

生命エネルギーをたっぷり含んだ果物の王さま

インドの伝統医学であるアーユルヴェーダで、果物の王さまといわれるのがブドウ。その理由は、「オージャス」と呼ばれる生命エネルギーが豊富で、火のエネルギーを整える作用に優れているためだといわれています。

アーユルヴェーダでは、ヴァータ・ピッタ・カパの３つのエネルギーのバランスによって体質や体調が決まると考えられており、この３つのエネルギーのバランスをいかに整えるかが健康管理のポイントになります。

そこで、ブドウを食べるなら、オージャスたっぷりの旬のものを食べること、冷やさずに常温で食べることにこだわりたいもの。

また食前や空腹時に食べると、ヴァータとピッタのバランスが整い、消化力アップにつながるといいます。果実でなくても、100パーセント果汁のブドウジュースを活用してもOKです！

アンチエイジングの特効果実

——アンマロク

日本の昔話に「若返りの水」というはなしがあります。
「むかしむかし、おじいさんが山で道に迷ってしまいました。たまたま見つけた泉の水を飲むと、疲れきった身体にグングンと力がみなぎってきます。どうにか家に帰りつきましたが、おばあさんから『どなたさんかい?』といぶかしがられます。なんと、泉の水を飲んだおじいさんは、若者の姿に若返っていました」という話です。

平成二十六年のSTAP細胞の発表で、「若返りの薬ができるのか?」と話題になりましたね。しかし論文は撤回され、STAP細胞は証明されることもなく、その存在は否定されてしまいました。お釈迦さまの出家の動機は、「生・老・病・死」の問題といわれます。もしも若返りが可能になるのであれば、「老い」の問題が解決されたのでしょうか。非常に注視していたニュースだったのですが、残念です。

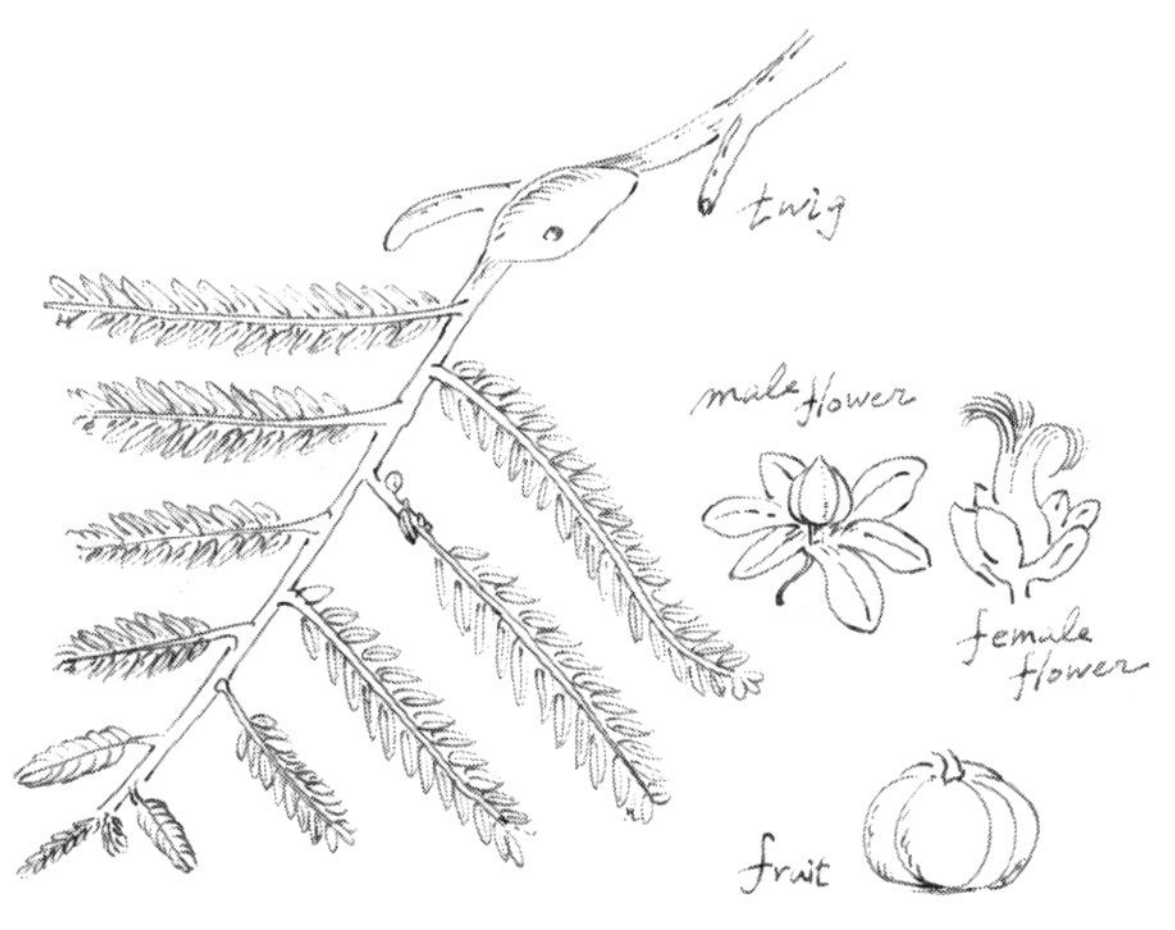

さて、アンマロク（中国では余甘子〔よかんし〕）という植物があります。お釈迦さまの薬箱では「尽寿薬」として果実の使用がすすめられています。アーユルヴェーダでも最も有用な植物のひとつで、老化を遅らせる効果があるとされています。若返りとまではいきませんが、

Phyllanthus emblica

サンスクリット語
आमलक āmalaka

チベット語
སྐྱུ་རུ་ར skyu ru ra

漢訳：菴摩勒、菴摩洛迦

和名：アンマロク、阿麻勒

アンチエイジングの薬でもあるんですね。日本でも奈良時代には、育毛剤、長寿の薬として、「阿麻勒（あまろく）」という名で知られていました。当時の現物が今でも正倉院に保存されています。十六世紀中国の薬学書『本草綱目』にも「庵摩勒（あんまろく）」として載っており、「(アンマロクを) 頭に塗ると髪が生えて漆黒になる。久しく服用すれば身体が軽くなり、長生きできる」とあります。うん、やっぱりアンチエイジング効果が期待できそうですよ。現在のインドでは、アンマロクの実が育毛剤としてよく使用されています。髪を黒く豊かに、美しくするそうです。インドの女性の髪がつややかで豊かなのは、アンマロクのお陰なのでしょうか。

冒頭の昔話、これにはさらに続きがあります。

若返ったおじいさんをうらやましく思ったおばあさんは、自分でもその泉を探しに行きます。ところがいつまでたっても帰ってきません。心配したおじいさんが探しに行くと、泉にはおばあさんの姿は見えず、泣いている赤ん坊がおりました。欲張りのおばあさんは、泉の水を飲みすぎて、赤ちゃんにまで若返ってしまったということです。

正倉院の薬物は誰でも使うことができた？

光明皇后は、「施薬院」や「悲田院」をお造りになられた、慈悲深いかたでいらっしゃいました。正倉院には60種の珍しい薬を奉納されましたが、その奉納の願文（がんもん）に「必要とするものは、使ってもよい」と記されています（註21）。

それで、時の最高権力者が正倉院の薬物を持ち出して、使用したという記録も残っています。

例えば帳外薬物の香木「黄熟香（おうじゆくこう）」は、室町幕府八代将軍足利義政（あしかがよしまさ）や織田信長、明治天皇が切り取られたと記されています（註22）。黄熟香は、別名「蘭奢待（らんじやたい）」という雅号（がごう）までついている香木です。きっと想像もできないような、素晴らしい香りなのでしょうね（「蘭奢待」という名前の漢字のなかには、東大寺の字が隠されています。見つけてみてください）。

アンマロクも正倉院におさめられた薬物のひとつです。これも多くの権力者から持ち出され、使用されたのでしょう。現在では、20数個の断片が残っているのみです。

仏像の台座や仏教の象徴になった花 ——ハス

神話には、天地創造の物語がつきものです。闇やカオスから宇宙が生まれたり、創造主の一声で光が現れたりと、とてつもなく壮大なスケールで世界が誕生します。

他にも、卵から産まれたり、真水と海水が混ざってでき上がったり、二つの太陽がぶつかり合うやら、巨人が闇を引き裂いて光を取り込むやら、はたまた巨人の身体から世界が生じたかと思うと、男女のお互いに足りない部分と余分な部分を合体させて島々を創ったり——と、いやはや、もう、なんでもあり。奇想天外で破天荒なエピソードが満載です。ビッグバン理論から探る宇宙の起源にも広大無辺なロマンがありますが、神話からみるこの世界の成り立ちも、驚きと魅惑的な物語に満ちています。

インドの大叙事詩『マハーバーラタ』の天地創造物語も強烈です。ヴィシュヌ神のへそからハス（蓮）が伸びてきて、そのハスから梵天（ぼんてん）が誕生し、天地万物が生じたといわれています。

えっ？　へそからハス、ハスから梵天？　もう、ついていけないほどの展開です。

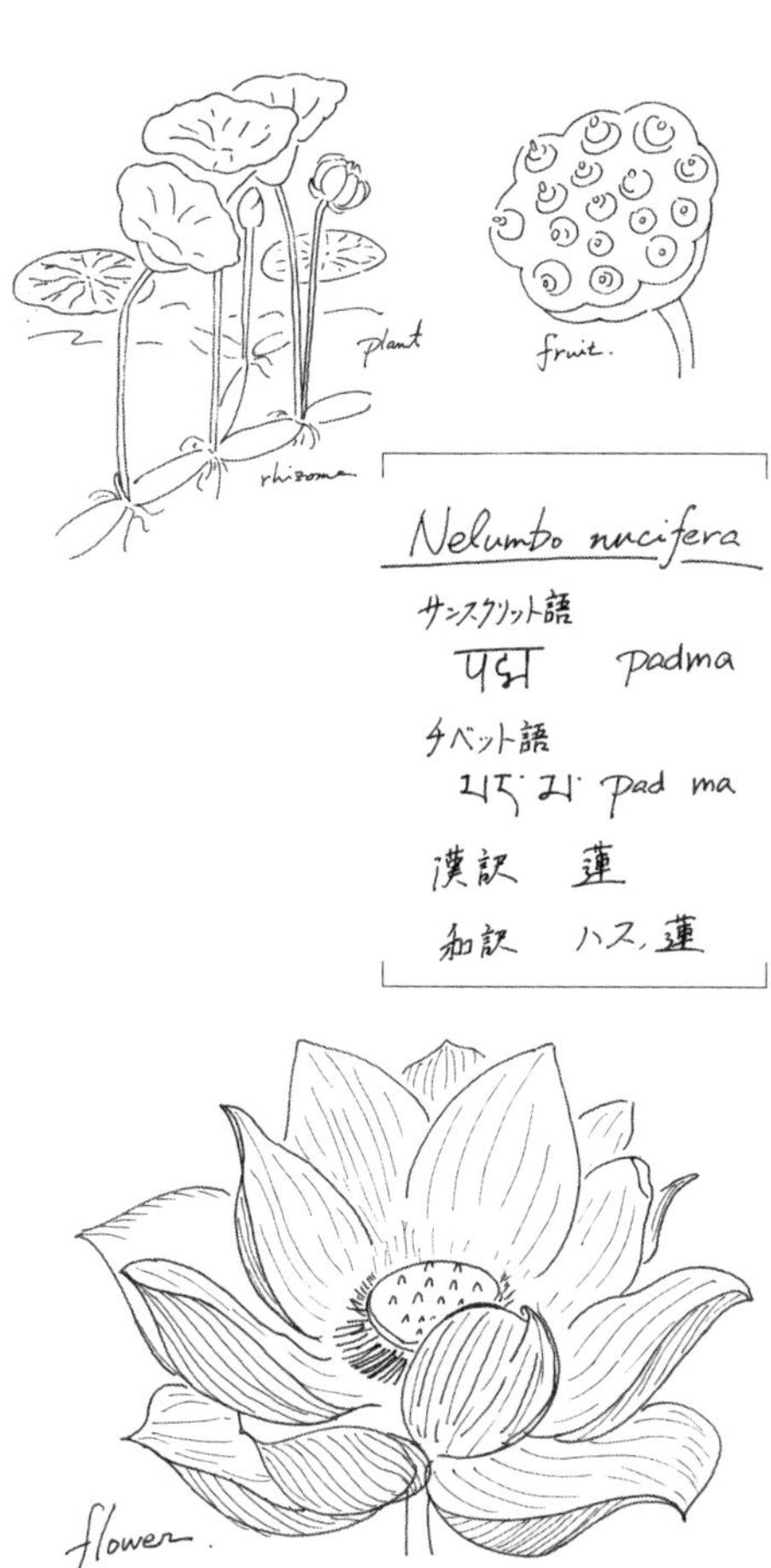

それはさておき、ここで注目したいのは、ハスが万物の起源になったとされること。ハスは、仏教のシンボルにもなりました。

水中に根を伸ばし、美しい姿を水面から現すハス（蓮）は、清らかに仏道を行ずる修行者の象徴とされました。特に、泥水のなかからも綺麗な花を咲かせることや、ハスの葉が水をはじくという性質から、世俗にありながらも、それに染まらない、無執着の心のたとえとして説かれます。

またハスは、仏像にもよく表現されています。仏さまや菩薩さまが鎮座なさる蓮華台（れんげだい）。手にハスをもつ菩薩さま。『妙法蓮華経』のように、経典にもハス（蓮華）の名前がつけられていますね。ハスは仏教で、最も身近な植物なのかもしれません。

お釈迦さまの薬箱「尽寿薬」にも、ハスの花が入っています。アーユルヴェーダでは、ハスの花は下痢やコレラ、肝臓病によいとされ、花から出る汁液には、解熱、止血、利尿などの効果があるとされます。またハスは、花だけではなく、葉や種、実、根など、全体が薬として用いられます。

ハスの花といえば、お釈迦さまがお悟りになられたあと、歩を進められると、その足跡から蓮華が生じたという逸話があります。う〜ん、さすがは世界を創り出したハス。奇想天外なエピソードが多いですね。

花、葉、実、根とすべてが生薬になる万能植物

ハスは根の部分がレンコンとしてお馴染みの食材。食物繊維が豊富な他、ぬめり成分であるムチンには粘膜の保護や消化促進の働きがあります。

また、ポリフェノールの一種であるハスのタンニンは、花粉症の改善に有効だという試験報告もあり注目が集まっています。

漢方では、ハスは花から根までにさまざまな名前がつけられて、それぞれに薬効が異なります。

例えば、ハスの実は「蓮子（れんし）」といい、滋養強壮や精神安定の作用があり、薬膳では粥にハスの実を入れた蓮子粥が有名です。ハスの実がのっている花盤の部分である「蓮房（れんぼう）」は生理不順などの婦人病に、おしべは「蓮鬚（れんしゅ）」として遺精・多尿の治療に用いられます。

さらに、ハスの葉「蓮葉（れんよう）（荷葉（かよう））」はお茶に最適で、便秘解消や血行促進に有効。さすがに世界を創造した植物に恥じない万能ぶりです。

剣(つるぎ)のような葉と根に含まれる香りで邪気を払う

――菖蒲(しょうぶ)

五月晴れの空を、悠々と泳ぐ鯉のぼり。長い尾をひるがえしながら、自由な風のダンスを見せてくれます。気まぐれな風が、菖蒲(しょうぶ)園の切り立つ緑のなかを通り抜けてきました。ゆるやかな空気がたゆたっています。ゆっくりと深呼吸をすると、五月の風と菖蒲の香りが、鼻から全身にゆきわたっていくようです。菖蒲の花の咲く時期はお散歩をするのが楽しみな、心地よい季節です。

菖蒲は、お釈迦さまの薬箱に「尽寿薬」として入っていて、根の部分を薬用にすすめられています。菖蒲根(こん)は、インドの伝統医学アーユルヴェーダでもよく用いられる薬で、鼻の病気や咳止めには、菖蒲根を粉末にして鼻から吸引すると効果があるといわれています。記憶力の向上や、声にもよいそうですよ。菖蒲の根茎は、中国最古の薬草書『神農本草経』にも載っている有名な薬です。また、ヨーロッパでも民間薬の芳香性健胃薬として用いられてきました。菖蒲根は、昔から世界中で有名なお薬だったようです。

ところで、菖蒲の葉は、剣のような形をしていますね。まるで剣が垂直に立っているかのようです。中国六朝時代の医学者、陶弘景（とうこうけい）も「真の菖蒲は葉に剣刃のよう

Acorus calamus L.

サンスクリット語・パーリ語
वचा　vacā

チベット語
ཤུ་དག　śu dag

漢訳　菖蒲

日本名　ショウブ

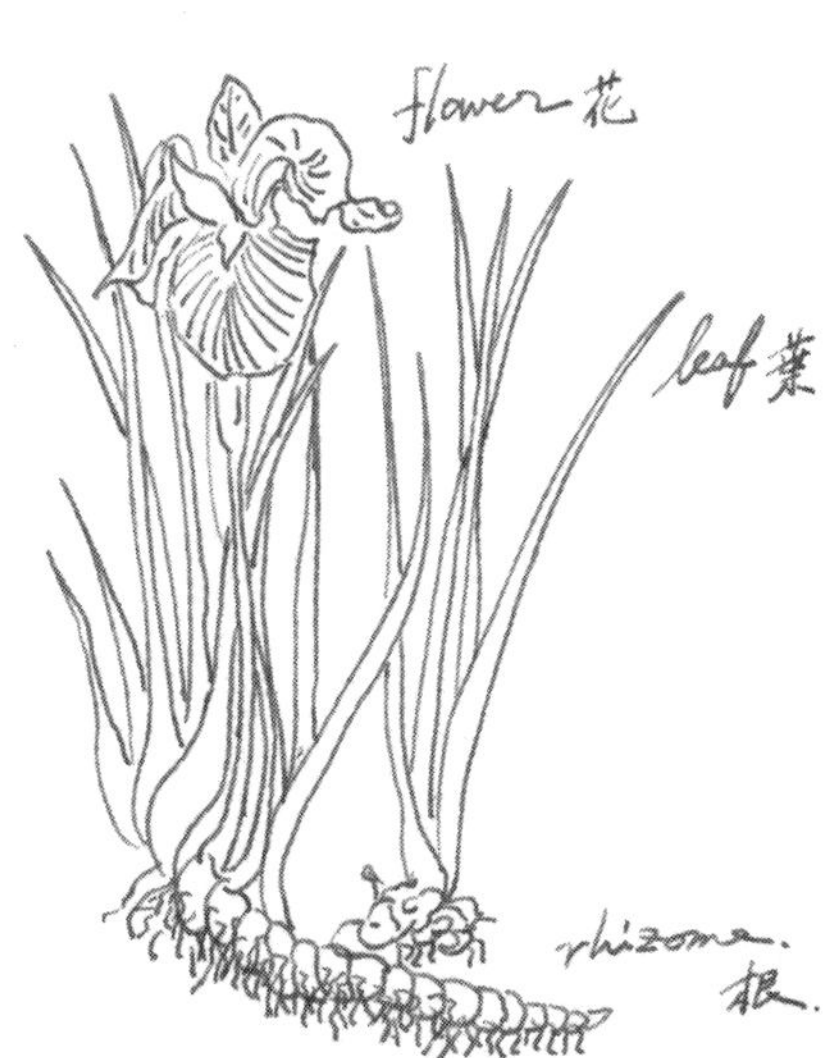

な脊（せき）がある」（註23）といっています。そう、菖蒲の葉は、まさにキラリと光る剣の刃です。菖蒲にまつわる、こんな昔話があります。鬼婆に追われた若者が、菖蒲のなかに飛び込みました。鬼婆は、剣のように鋭く立っている菖蒲を怖がって、それ以上追いかけることができず、それで若者は助かったという話です。それから菖蒲が魔除けになるとか、ならないとか……。ちょっと想像してみて下さい。菖蒲園に生えている菖蒲の葉が、すべて剣だったら……。それこそ地獄の世界！　地獄の剣の山ですよ。さすがの鬼婆だって逃げ出してしまいます。

菖蒲は五月を彩る代表的な植物なので、端午（たんご）の節句には大活躍です。有名なのは菖蒲の葉を湯船にうかべる習慣、菖蒲湯。尖った見かけとは裏腹に、ゆるりとした香りが気持ちいいですよね。この菖蒲湯につかって、厄払いをしたり、勝負に強くなるように祈ったりと、古くから日本人に親しまれてきました。そうそう、この菖蒲の葉をハチマキにして巻くと、頭がよくなるそうですよ。私も子どものころ、端午の節句には、菖蒲の葉を頭に巻いて遊んでいたものです。

でも、ボウズ頭の今となっては、危険すぎて巻けなくなってしまいました。なんといっても、菖蒲の葉は剣ですから。ツルツル頭から流血して、血だらけの、地獄の形相になってしまいますよ。

その薬効は香りにあり。菖蒲湯で痛みや冷えの改善を！

日本ではお馴染みの習慣である菖蒲湯は、神経痛、リュウマチ、筋肉痛などの緩和、冷え性の改善にも効果があるとされます。

こうした効果をもたらすのは、アザロン、オイゲノールといった精油成分の働きで、菖蒲の香りのもと。これらが皮膚に吸収されて血行を促進することで、鎮痛や冷え改善につながります。

漢方の生薬である菖蒲根は、菖蒲の根茎の髭根を除いて乾燥させたもの。香りが強いものほど上質ですから、薬効を期待するなら、香り成分を多く含んだ根の部分を使用したいものです。

とはいえ、家庭で菖蒲湯をするのに菖蒲根を入手するのは少々困難ですよね。そこで、精油成分をたっぷり抽出したいなら、42度くらいの熱めの温度設定にしたり、菖蒲の葉を細かく刻んで綿袋や紙パックに入れたりと、ひと手間かけるのがコツのようです。

三つの条件をクリアすれば、肉を食べてもＯＫ

――肉

「今日は焼肉だ！」

家庭で、職場で、カップルで、いろんな仲間と一緒に鉄板を囲む焼肉パーティ。話もはずんで笑顔が広がります。ジューシーなお肉を噛みしめると、明日への活力がわいてくるようです。

もともと仏教では、肉を食べることは禁じられていませんでした。『四分律』では、「三種浄肉（さんしゅじょうにく）」といって（註24）、三種類の肉は食べてもよいとされています。すなわち、自分のために動物が殺されるのを「見ていない、聞いていない、疑いさえもない肉」ならば、食べてもよいことになっています。ましてお釈迦さまの薬箱にも「時薬（薬膳）」として、肉は入っているんですよ。タンパク質は大切な栄養素ですからね。健康な身体を作るのに、大切な食物です。

ただし、食べるのを禁じられた肉もあります（註25）。後世になると、不殺生戒の

教えからでしょうか、仏教教団で肉食自体が禁じられるようになりました。

ところで、肉を食べると、なんだか幸せな気持ちになりませんか。これは科学的にも証明されています。肉に含まれている必須脂肪酸からできる「アナンダミド」という物質が、私たちに幸福感を与えているのだそうです。こ

サンスクリット語
मांस māṃsa
チベット語
ཤ་ śa
漢訳：肉

の名前は、サンスクリット語で幸福や喜びを意味する「アーナンダ」に由来しています。アーナンダ（ānanda）と酸アミド（amide）の合成語で、アナンダミド（anandamide）です。

仏教でアーナンダといえば、十大弟子のひとり、アーナンダ（Ānanda）尊者が思い浮かびます。長年お釈迦さまの侍者をなさり、その教えをすべて記憶されていたというすごいお弟子さんです。お経の多くは、アーナンダ尊者の超人的な記憶から残されたものです。

ところで、アーナンダ尊者の出生にまつわる興味深いエピソードがあります。尊者がお生まれになったときに、みな非常に喜んで「アーナンダ（幸せ）！」と叫びました。そしてその感動をそのままに、「アーナンダ」と命名したのだそうです。ちょっと浮かれすぎのような気もしますが、よほど息子の誕生が嬉しかったのでしょう（さしずめ、これが日本だったら「万歳！」とでも名付けたのでしょうか？）。それはさておき、お肉を食べると、アーナンダ尊者の名前が冠された幸福な物質が、体内にとり込まれるのです。そりゃあ、幸せの功徳もあるってもんです。

さぁ、たまにはお肉をがっつり食べて、アナンダミドを吸収しましょうか。みんなが笑顔で幸せに過ごせますように！

肉に含まれる脂肪酸から、脳で幸福を感じる物質が作られる！

お腹いっぱいに肉を食べる幸福感、それを考えただけでヨダレが出そうな高揚感。こうした幸せ気分をもたらすのは、アナンダミド(アナンダマイド)という物質によるものであることが近年の研究でわかってきました。

アナンダミドとは、快感や幸福感などに結びつく神経伝達物質のひとつで、幸福物質とも呼ばれます。

アナンダミドを作り出す材料となるのが、鶏、豚、牛などの肉類に含まれているアラキドン酸という脂肪酸。アラキドン酸は、必須脂肪酸の一種で、人間の体内で作ることができないため食べ物から摂取する必要があります。

また肉を焼く香りも、報酬系といわれるドーパミンを分泌させる作用があるとか。

お釈迦さまが肉を薬として認めていたのは、肉好きにとっては嬉しい限りです。

お釈迦さまの命を救うはずだった薬は、愛とともに伝えられた果実

——カリロク

二月十五日は、お釈迦さまがお亡くなりになられた日です。寺院では涅槃図を掛けて法要が営まれます。

涅槃図とは、お釈迦さまが入滅されたときのようすを描いた仏画です。中央には、沙羅双樹のもとに横臥されたお釈迦さま。周りでは、弟子や多くの人びと、天界や地獄の住人、動物、昆虫までもが嘆き悲しんでいます。視線を少し上の方へ向けてみると、雲に乗って天界から駆けつけるご婦人のお姿が。お釈迦さまの実母、マーヤー夫人です。お釈迦さまを出産され、一週間後にお亡くなりになられたマーヤー夫人。我が子を抱きかかえ、その成長をそばで見守ることもかなわず、それでも天界からずっと見守っていらっしゃったのでしょう。お釈迦さまがお亡くなりになられようとするとき、マーヤー夫人はお釈迦さまの御命を救おうと、薬をたずさえて天界から急ぎ駆けつけられます。ですが、もう間に合わないと判断されたのでしょ

う。それでも薬だけはと、袋に包んだ薬を投げてよこされました。しかし、無情にも、それは沙羅の樹の枝に引っかかってしまい、お釈迦さまに届くことはありませんでした。そのマーヤー夫人が我が子に最後に贈られたのが「カリロク（訶梨勒・呵梨勒）」だといわれています。

　カリロクとは和名をミロバランといい、アーユルヴェーダでは非常に優れた薬とされています。仏典にも数多く登場し、『金光明　最勝王経（こんこうみょうさいしょうおうきょう）』では、「一切の病いを除く、薬中の王」と称えられています（註26）。チベット医学では、薬師如来の象徴とされ、「最高の薬」「万能薬」とも呼ばれています。また、

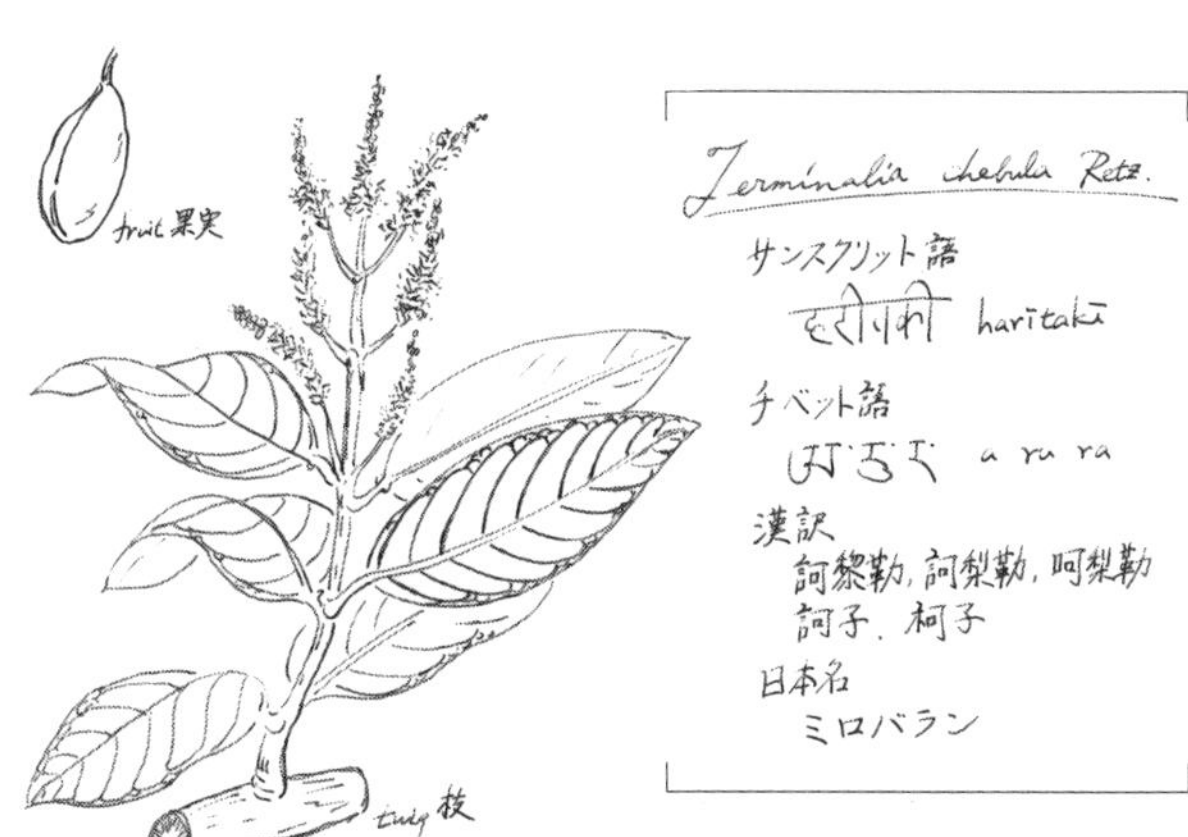

日本にも奈良時代に秘薬として伝わっています。当時、名医でもあった唐招提寺の鑑真(がんじん)和尚は、カリロクを主成分とした秘薬「呵梨勒丸(かりろくがん)」を処方していたと記録に残っています。

なんと、そのカリロク、今でも東大寺の正倉院に現存しているのです。

天平勝宝八（七五六）年、光明皇后が、夫である聖武天皇の四十九日法要に際し、「正倉院宝物」を東大寺に献納されました。そのときにおさめられた薬のひとつが、カリロクです。献物帳には「呵梨勒一千枚」と記載されていますから、千粒のカリロクがおさめられていたようです。しかし、最高の薬ですから、これまでに幾度となく持ち出され、使われてきたのでしょう。現在ではただ一粒だけしか残っていません。

母から息子へ。妻から夫へ。カリロクは、地域も時代も超えて、最愛の人に捧げられました。また、記録には残っていませんが、これまでに正倉院から持ち出された九百九十九粒のカリロクも、それぞれに願いを込めて使用されたのでしょう。そして、今残っている、たった一粒のカリロク。もしも、これが使えるのであれば、みなさんはだれのために使いますか？

鑑真和尚の眼となったカリロク

日本に律を伝えられたのは、鑑真和尚です。律の必要性を感じられていた聖武天皇は、唐で有名な高僧だった鑑真和尚を招きます。それで唐律招提寺（唐から招いた律のお寺、唐招提寺の前身）が造られ、鑑真和尚は日本に律宗を伝えました。

鑑真和尚が伝えたのが『四分律』です。この作法に則って、聖武天皇や光明皇后も受戒（じゅかい）をうけられ、そして、多くの僧侶が正式に得度（とくど）受戒しました。

鑑真和尚は医学や薬学の知識も豊富で、多くの薬物を唐から輸入しました。また、聖武天皇がお亡くなりになる１年前から、鑑真和尚は僧として、医師として、そして薬師として、看病したとされます。

ところで、鑑真和尚は日本への渡航に何度も失敗し、五回目の渡航の際には視力を失ったといわれていますが、そのときにカリロクの実を義眼として入れたのだそうです(註27)。

悟りの瞬間を見守った聖なる樹（き）
——菩提樹（ぼだいじゅ）

十二月八日は、お釈迦さまがお悟りをお開きになった日です。六年にもわたる苦行を続けられたお釈迦さまは、健康を害され、骨と皮だけの細く脆弱（ぜいじゃく）なお姿になられます。そこで村娘スジャータから乳粥の供養をうけられ、健康を回復されました。それから、青々とした葉が生い茂る大きな樹木のもとへ向かわれて、そこでゆったりと坐禅をくまれます。そして明けの明星が昇るころ、お釈迦さまは大いなるお悟りを開かれたといわれています。そのときにお釈迦さまを包み込むように支えていた木、お釈迦さまのお悟り（菩提（ぼだい））の瞬間に立ち会っていた木、それこそが「菩提樹」の木です。

インドのヴェーダ聖典のひとつである『アタルヴァ・ヴェーダ』では、「神々の座であった天上の菩提樹から、最高の薬が生じた」と詠われています。このことから、

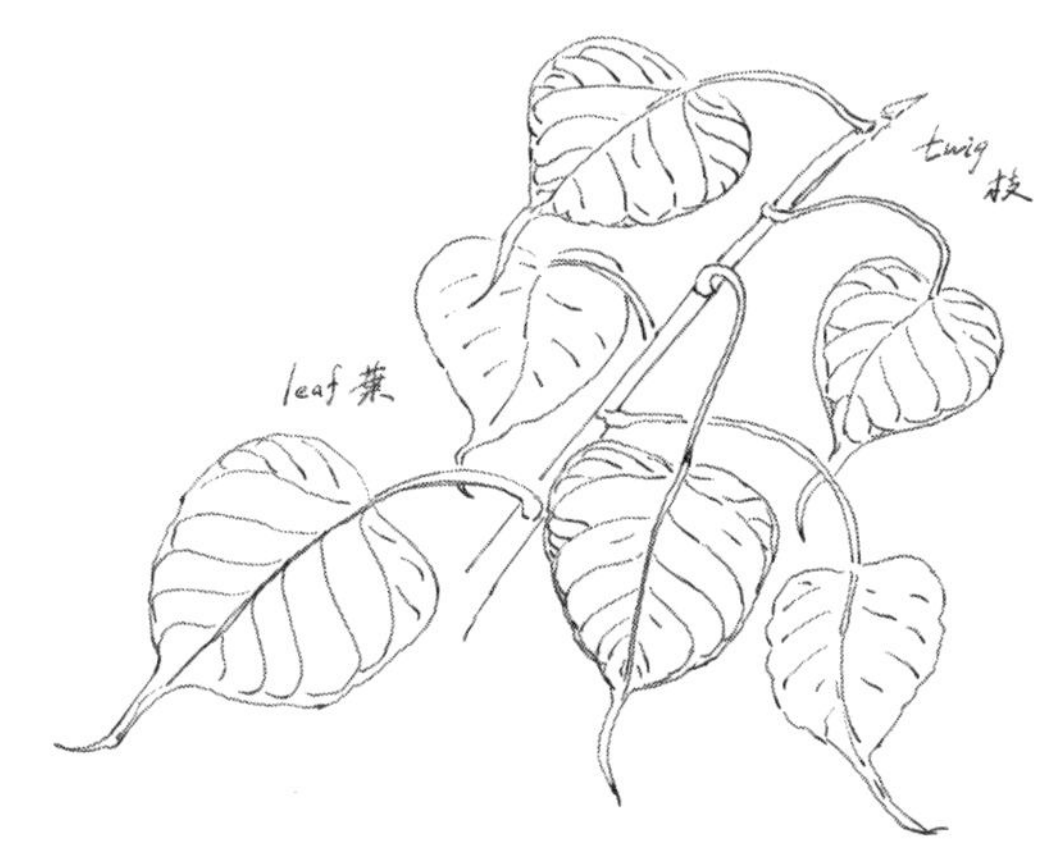

菩提樹は、古来インドで聖なる樹木とされていたこと、そして薬にもなる有用な木だということがわかります。お釈迦さまも、菩提樹を「非時薬（薬用ジュース）」として紹介されています。インド医学では、この菩提樹から分泌する液体には、神経痛や炎症、止血に効果があるとしており、またチベット医学では、潰瘍

Ficus religiosa L.
サンスクリット語
　अश्वत्थ aśvattha
　पिप्पल pippala
チベット語
　ཨ་སྭད་ཐ a swat tha
漢訳　阿説他果
日本名　インドボダイジュ
英名　Boddhi tree

や婦人科系疾患にも有効であるとされます。

最初期の仏伝図(ぶつでんず)にはお釈迦さまのお姿はなく、この菩提樹がそのシンボルとして彫られることもありました。インド古来の聖木で、しかもお釈迦さまがお悟りをお開きになられ、仏教のシンボルとなった神聖なる菩提樹。人びとを癒す木陰も作れば、薬にもなります。次第に憧れや信仰が芽生えてきても不思議ではありません。仏教が広く伝わるにつれて、各地で菩提樹の木が求められるようになりました。

しかし、インド原産のこの菩提樹(クワ科のFicus religiosa L.)は、熱帯の植物のため、中国ではうまく育たなかったようです。そこで、葉の形が似ているという理由で、中国原産の別の菩提樹(シナノキ科のTilia miqueliana Maxim.)が代わりに植栽されるようになりました。それが日本にも伝わり、日本各地の寺院にも植えられるようになりました。それ以来、インド原産の菩提樹を「インド菩提樹」といい、代替樹木であったはずの中国原産の方を「菩提樹」と呼んでいます。あらら、立場が逆転してしまっていますね。

ところが、最近では地球温暖化が進み、日本でも比較的暖かい地域では本家本元のインド菩提樹が育つようになったということです。う〜ん、温暖化の影響となると、これは、単純に喜んでいいものなのか、どうか。

菩提樹はお釈迦さまの代わりに拝まれた？

寺院には必ずご本尊さま、仏像が安置されています。仏像拝観は、寺院観光の目当てのひとつです。私たちにとって仏像にお参りするのは常識ですが、お釈迦さまがお亡くなりになって、しばらく仏像は作られませんでした。それでは、なにが崇拝の対象となっていたのでしょうか。

まずはお釈迦さまのご遺骨を収めた塔、仏塔です。この塔はサンスクリット語でストゥーパ（stūpa）といい、法事などで用いる卒塔婆（そとうば）の語源にもなりました。

次に、聖なる樹木です。特に菩提樹がその崇拝の対象となりました。

そして、仏伝図が現れます。仏伝図とは、お釈迦さまの物語を彫った彫刻です。ここにはお釈迦さまのお姿はなく、代わりに菩提樹や仏跡（足跡）、空座のままの台座などが、お釈迦さまのシンボルとして表されました（註28）。

その後、ガンダーラ美術、マトゥラー美術に代表される、仏像が作られるようになりました。

菩提樹は実物も彫刻のなかでも、お釈迦さまの代わりに拝まれていたのですね。

コラム２

お釈迦さまの教え

お釈迦さまは、お悟りをお開きになられたときに、「縁起(えんぎ)」の法を観じられたといわれています。

そして、初めてのお説法（初転法輪）で説かれた内容が「中道(ちゅうどう)」や「四諦(したい)」の法です。

それから四十五年もの間、お釈迦さまは、老若男女、身分や階級を問わず、実に多くの人びとにたくさんの教えを説かれました。

ここでは、数ある教えのなかから、「縁起」と「四諦」の教えを簡単に紹介します。


お釈迦さまが観じられた縁起とは、「すべてのものごとには原因があり、それは縁によって起きる」ということです。

ものごとには、必ず原因（因(いん)）があります。そして、その結果（果(か)）が現れるためには、条件（縁(えん)）が必要です。これを植物の発芽と関連して見てみましょう。

縁起

因―ものごとの原因。
↓（縁―条件）
果―今現れている現象、結果。

（植物にたとえると）
因―種から
↓（縁―空気、水、温度の適切な条件下で）
果―芽が出る。

子どもでもわかるような、とても論理的でシンプルな教えです。この縁起の法を、お釈迦さまは私たちの人生の問題にまで応用してお説きになりました。

次に、四諦について。これは四つの聖なる真理（諦）のことです。これを病気を例にして説明します。

四諦

苦諦（くたい）―迷いのままの存在は苦しみである。
集諦（じったい）―尽きない煩悩が苦しみを生じさせる。
滅諦（めったい）―苦しみがない状態（涅槃）。
道諦（どうたい）―苦しみから解放されるための生き方。

（病気にたとえると）
苦諦―病気
集諦―病気の原因
滅諦―健康体
道諦―治療法・予防法

病気になると（苦諦）、私たちは病院に行きますね。お医者さんに診察してもらって、病気の原因がわかります（集諦）。それから治療法を告げられ、薬を処方してもらい、それを服用し養生して（道諦）、健康を取り戻します（滅諦）。目的はあくまでも健康体です。健康な身体を目指して、自分の病気の原因を知り、適切な治療を施していきます。

私たちの人生の問題も同じように、苦しみの原因を知り、苦しみを取り除く修行を行い、安楽な涅槃の境地に至るように、お釈迦さまは導かれています。修行の目的は、あくまでも悟りを得ること、涅槃の境地を目指します。

お釈迦さまの教えはとてもシンプルで合理的です。私たちの苦しみを救うために、まるで医学療法の論理で説かれているようです。まさに、心の病いのお医者さんですね。

私たち一人ひとりの悩みや苦しみは違います。状態や環境も違います。みな、それぞれの悩み、苦しみを抱えているものです。病気によって、また人によっても、処方される薬や治療法が異なるように、私たちの苦しみを取り除く方法も異なります。

お釈迦さまが、数多くの人びとを救うために、たくさんの説法をなさったのも、一人ひとりの苦しみに対応する処方箋のようなものだったのかもしれませんね。

第二章
お釈迦さまが説く「暮らしと習慣」

お釈迦さまが説いた暮らしのはなし

仏教僧団は、基本的に集団生活でした。お釈迦さまの教えを慕い、さまざまな階層から人びとが集まって共に修行をしていました。修行僧たちは、それぞれの生活や文化背景も違えば、習慣も異なっていたことでしょう。しっかりと修行に専念することができる生活空間を形成するために、共同生活に必要な様々な決め事をお釈迦さまが定められました。

また共同生活では、感染症予防のためにも公衆衛生の概念が必要となります。お釈迦さまは、修行僧たちの健康管理や身の回りの掃除、共用施設を清潔に保つことなど、生活する場の衛生管理にとても心を配られていました。

この章では修行僧たちの日常生活の一部を紹介します。お釈迦さま当時のライフ・スタイルをのぞいてみましょう。

仏教の僧侶が坊主頭になった愉快なエピソード
――髪

最近では、寺院観光をする人たちが増えているそうです。掃除が行き届いた凛とした空気に身が引き締まり、仏さまの慈愛に溢れた表情に心が和むからでしょうか、若い女性が熱心に参拝されている姿をよく見かけるようになりました。

ところで、仏像には四つの種類があるのをご存じですか? グループ分けすると、「如来」「菩薩」「明王」「天部」に分かれます。

如来―悟りを開かれた仏さま(釈迦如来、阿弥陀如来、大日如来など)。
菩薩―人びとを救うために現れた仏の化身(観世音菩薩、地蔵菩薩など)。
明王―悪を退治する仏教の守護者(不動明王、愛染明王など)。
天部―仏教の守護神(阿修羅などの八部衆、四天王など)。

これに「高僧」の像も入れると五種類になります。一般的によく信仰の対象となるのは、如来と菩薩ですよね。この二種類の仏像を見分ける簡単な方法があります。

まずは装飾品。如来像は袈裟をまとった簡素な身なりですが、菩薩像は髪飾りや首飾りなどの装飾品が多く、ファッショナブルです。菩薩像は、出家以前のお釈迦さまがモデルとされていますので、当時の王族や貴族の優美な恰好をなさっています。

天部　如来

明王　菩薩

次は髪の毛です。如来像は螺髪（らほつ）というパンチパーマみたいな髪形。それに対して菩薩像はロン毛や巻き髪など、きらびやかな髪形をしていらっしゃいます。例外として、地蔵菩薩は坊主頭です。現在でも、僧侶は基本的に髪を剃りますが、そもそもお釈迦さまの時代の仏教僧団ではどのような髪形をしていたのでしょうか。

仏教僧団には剃髪人がいて、髪を剃ってもらっていたようです。剃髪人が忙しくなると、修行僧がお互いに、または自分でも剃ることが許可されました（註29）。そのときは、クラ（khura）と呼ばれる、剃髪用のカミソリを使用していたそうです。こんなエピソードがあります（註30）。

＊＊＊

修行僧たちがハサミで髪や髭を切っていました。お釈迦さまはおっしゃいます。

「それは、よくありません」

髪だけを剃る僧や、髭だけを剃る僧がいました。お釈迦さまはおっしゃいます。

「髪も髭も剃りなさい」

髪を抜く僧や、髪を留める僧、髭をひねってつま立てる僧がいました。お釈迦さまはそれらを禁じられます。また、髭に櫛を入れることや、髪に油を塗ることも禁じられました。

「あなたがたは私が制するのを避けて、いろんなことをしますね。これからは髭や髪はことごとく剃るようになさい」

修行僧たちはどれくらい剃ればよいのかわかりませんでした。お釈迦さまはおっしゃいます。

「最長でも指二本分の長さです。二カ月に一度は剃るようにしなさい」

＊＊＊

禅の修行道場では、五日に一度は髪を剃りますから、いつもツルツルの頭ですが、お釈迦さまの時代はもう少し長めの髪形の修行僧もいたようですね。

慈(いつく)しみの心を宿した紺青色の眼に、ただ見つめられていたい

――眼

お釈迦さまは、どのような眼の色をしていらっしゃったのでしょうか。お釈迦さまの身体的特徴を記した「三十二相八十種好(さんじゅうにそうはちじっしゅこう)」によると、紺青色の眼をされていたそうですよ。そして「慈しみの心で衆生を視て」いらっしゃったのだそうです（註31）。そんな瞳で見つめられるだけで、不安や悩みが癒されてしまいそうですね。

さて、仏典には、目の疾患に関する記述もあります。

お釈迦さまは出家を決意され、カピラヴァットゥの城をこっそりと抜け出されました。釈迦族の王子が出家していなくなってしまったわけですから、多くの人びとが深く悲しんだことは想像に難くありません。父のスッドーダナ王は気を失い、妻のヤショーダラー妃は悲歎にくれて泣きじゃくっていらっしゃったそうです。お釈迦さまの育ての親、マハーパジャーパティー夫人は、悲しみのあまりに視力を失わ

れたとされています。

失明の原因として、現在では緑内障や白内障、糖尿病による合併症などが挙げられますが、マハーパジャーパティー夫人のように、精神的な要因からも、失明に至るようです。

こんなエピソードがあります（註32）。

＊＊＊

とても美しく、品性があり、親孝行な象がおりました。あまりの気品の高さに、象龍王と呼ばれ、父母とともにとても幸せに暮らしていました。

あるとき象龍王は、ブラフマダッタ王の命により、捕らえられてしまいます。急に我が子が消えてなくなったものですから、母象は必死の思いで捜し回りました。ですが、どこを捜しても見つかりません。

あまりにも悲しみ、泣き叫んでいた母象は、ついに眼が見えなくなってしまいました。視力を失った母象は、群れについて歩くことができず、仲間からはぐれてしまいます。そして、たった一頭で、眼も見えないのに、それでも森のなかを、我が

子を捜して歩き回りました。

一方で、どうにか自由の身になった象龍王は、父母を捜して自分の群れに戻ってきました。しかし、そこに母象の姿がありません。象龍王は、必死になって母象を捜します。大声で叫びながら母象を捜し回りました。

あるとき、母象は聞き覚えのある声が、自分を呼んでいるのを耳にします。そして、自らも大声で息子を呼び返しました。ようやく母子は再会することができました。久しぶりに会う母象の姿はやつれ果て、汚れて、みすぼらしいものでした。失明していたために、母象は沐浴することもできなかったのです。

象龍王は、池の水を鼻いっぱいに吸い込み、母象の身体を洗いました。このときに、水が母象の眼にもかかり、その眼が清らかになり、また視力を回復したということです。

＊＊＊

実は、この象龍王は過去世のお釈迦さまで、母象は育ての母マハーパジャーパティー夫人だったのだそうです。そして、お釈迦さま在世のときにも、お釈迦さまと再会することができたマハーパジャーパティー夫人は、再び視力を取り戻したということです。

鼻のケアに思わぬ効果が！

——鼻洗浄

花粉が舞い出す季節になると大変です。外出時にはマスクが手放せません。鼻水が止まらなくて仕事が手につかず、薬に頼ると頭がぼーっとして、これまた仕事に集中できません。夜も眠れず、ただただ花粉の季節が過ぎるのを待つのみ、という人も多いのではないでしょうか。花粉症の方にはつらい季節ですね。

お釈迦さまの時代にも、鼻炎で悩む修行僧がいました（註33）。彼もまた、修行に集中できなかったのでしょうか、医者に診てもらったところ、「灌鼻（かんび）（鼻腔洗浄）をなさい」と、鼻の中をそそぎ洗う治療法をすすめられました。

インド伝統医学アーユルヴェーダでは、鼻の中を洗う方法（経鼻法）が二種類あります。ジャーラネーティとナスヤです。

ジャーラネーティとは、生理食塩水の濃度（約〇・九パーセント）に調整したぬるま湯で、鼻腔を注ぎ洗うこと。鼻がスッキリとして、気分爽快になりますよ。しかし実際に行う場合には注意が必要で、一度沸騰させて冷ましたお湯を使うか、ミネラルウォーターなどの清潔なお湯を使うことが肝心です。また、副鼻腔にお湯が溜まってしまうこともありますので、しっかりと鼻をかむことも大切です。

Indian man cleaning his nose.

次のナスヤは、鼻の中に油をたらす療法です。鎖骨から上の部分が健康になるとされます。正式なナスヤは決まりごとが多くて非常に難しいので、簡単な方法としては、太白胡麻油を鼻に一～二滴たらすか、綿棒に染み込ませて軽く塗り込む方法があります。

アーユルヴェーダでは「鼻は脳の入り口」といいます。的確に行えば、頭がスッキリとしてとても気持ちがいいですよ。初めての方はアーユルヴェーダ医師に相談の上で行ってくださいね。

さて、鼻炎の修行僧に対して、お釈迦さまは「蘇油（牛の乳から作った油）で鼻腔を洗いなさい」とおっしゃいました。

この修行僧は鼻の中を洗浄しようとするのですが、専用の洗浄具がなかったようで、色々と苦心して鼻を洗おうとしました。葉っぱを使ったり、布を使ったり、なかなか上手く出来ません。お釈迦さまは、「銅や鉄、錫を使って、灌鼻筒を作りなさい」とアドバイスされました。

そして、鼻を傷つけないように先端は尖らせないこと、両方の鼻の穴に入るようにＹ字型の筒を作るようにとおっしゃいました。お釈迦さまは、医療器具の作り方までご存じだったのですね。その博学さに驚きます。

興味深いことに、この鼻洗浄は眼疾患にも効果があるようです。眼の痛みを訴える修行僧に、お釈迦さまは鼻洗浄を勧められています(註34)。さらに、頭痛にも効果があるのだそうです。頭痛に悩む修行僧のために、鼻洗浄をおすすめになり、さらに詳しく灌鼻筒の作り方や使用方法までアドバイスされています(註35)。

また、お釈迦さまの主治医でもあったジーヴァカ医師が、鼻洗浄によって頭痛を治療した記録も残っています。これは特別収録の「お釈迦さまの主治医ジーヴァカ(百八十四頁〜)」の項で説明します。

天然の小枝を使った歯磨きは、一石三鳥の優れもの

——歯磨き

インドの街を歩いていると、時折、不思議な光景に出会います。そのなかのひとつが、枝をかじっている人たちの姿。朝から道路のあちこちで、小枝をくわえてモグモグモグ。聞けば、歯磨きをしているとのこと。

興味津々に眺めていたら、「あんさんも、やってみぃ」と、小枝を差し出されました。枝を歯にあてて磨こうとすると、「ちゃう、ちゃう。まずは枝の先っぽをガジガジと噛み砕くんや」。ふ〜ん、そういうものかと、思いっきり噛みました。「うわっ、にがっ！」とてつもなく苦い味が、いきなり口の中にしみわたります。ペェッペッ！　爆笑するインド人たち。涙目になりながら唾を吐く私を笑いながら、彼らは平然と枝をくわえて歯磨きを続けています。

この枝はインドセンダンという木の小枝で、お釈迦さまの薬箱にも「尽寿薬」中の「渋い薬」として紹介されていて、インドでは歯磨き用として売られています。食

後の楊枝(ようじ)ですね。日本のように先が尖った細い爪楊枝ではなくて、枝そのもの。先端が太筆のように肉厚です。これを房楊枝(ふさようじ)といいます。先端をしっかりと噛み砕いて、じゅうぶんに柔らかくしてから歯を磨きます。噛み砕くときに出る苦い汁が歯

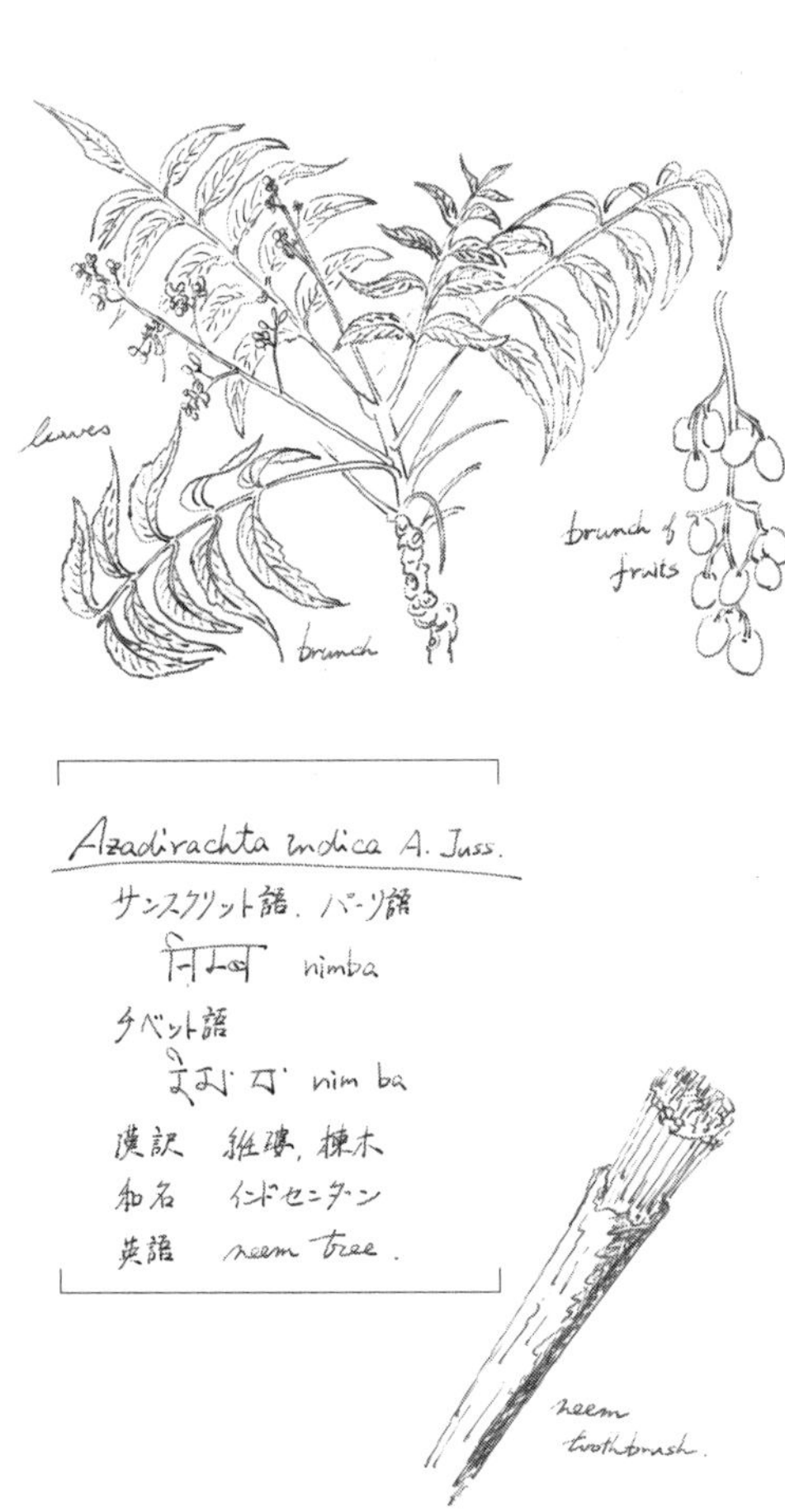

磨き粉の役目をするんですって。しかも歯を磨いた後には、この枝の樹皮を裂いて舌クリーナーにもなるという、一石三鳥の優れものなのです。

ところで、日本での歯磨きの習慣は、六世紀半ば仏教の伝来とともに伝えられたのだそうですよ。仏教僧団では日常的に歯磨きが行われていたのでしょうね。ということは、お釈迦さまもあの苦いインドセンダンを嚙まれていたのでしょうか。房楊枝でゴシゴシとブラッシングなさっていたのでしょうか。歯磨きをなさるお釈迦さまを想像すると、ふふっ、笑みがこぼれちゃいますね。

十三世紀の曹洞宗の開祖、道元禅師もこの房楊枝をお使いだったようで、『正法眼蔵』「洗面」の巻では、使い方を、こと細かに指導されています。そうしないと、「口臭、はなはだ臭し」だそうですよ。さらに道元禅師は、お釈迦さまが楊枝を使って歯磨きなさっていたことや、その楊枝を大地に投げられると、そこから木が生い茂ったという故事を示されて、歯磨きは仏祖から伝えられてきたものだ、と力説されます。そして「楊枝にまみえることは、仏祖にまみえることだ!」と断言なさいます。

今後、仏壇に向かう時には、しっかりとマウスケアをしなくてはいけませんね。道元禅師さまから「はなはだ臭し」とお叱りをうけないように。

道元禅師の歯磨き法

道元禅師の歯磨きの仕方を紹介しましょう(註36)。

(楊枝を)よく噛みて、歯の上、歯の下を、磨くが如く、研ぎ洗うべし。たびたび研ぎ磨き、洗いすすぐべし。歯の元、しし(歯ぐき)の上、よく磨き洗うべし。歯の間、よく掻きそろえ、清く洗うべし。嗽口(うがい)たびたびすれば、すすぎ清めらる。しこうして後、舌をこそぐべし(註37)。

さらに、舌を洗う際の注意点を５つ挙げられています。

1. ３回以上はこそがない。
2. 舌から血が出たら止めること。
3. 手を大きく振って、衣や足を汚さないように。
4. 楊枝を捨てるときは、
   人が通るところに捨ててはいけない。
5. (楊枝は)物陰に捨てなさい。

歯磨きは、お釈迦さまやその弟子たちが護持してきたものだと道元禅師はおっしゃっています。仏法にかなったものなのです。

口臭から眼病までも予防できる？
歯磨き習慣のすすめ
――口腔ケア

どうもお口の臭いが気になるのは、お釈迦さまの時代でも同様だったようです。口臭に悩む修行僧たちがたくさんいたと、仏典には記されています。

口臭の原因は、主に、虫歯や歯周病、口内炎などの口の中の病気。また、胃腸や呼吸器系疾患もその原因になります。もともと口の臭いは自然にあるものですが、食べかすなどがたまると、雑菌が発生して嫌な臭いを発します。唾液の抗菌作用で、ふだんは抑えられている臭いも、朝起きたときや空腹時には、唾液の分泌が低下しているため、いつもより口臭が強く感じられます。

『十誦律』（註38）『四分律』（註39）『毘尼母経（びにもきょう）』（註40）には、歯磨きをしないと、五つの過ちが生じると記されています。

一、口が臭く、
二、咽喉が不浄で、
三、痰などがからまり、
四、食事を望まなくなり、
五、眼病になる。

　これは、困ったことです。深刻です。

　口臭に悩む修行僧たちのために、お釈迦さまは歯磨きをすすめられています。教典によって（註41）内容の違いはありますが、歯磨きの効果として、おおよそ次の三つが共通するようです。

・口臭がなくなり、
・味覚が正常になり、
・眼病を防ぐ。

お口の臭いが気にならなくなって、ご飯も美味しい。うん、やっぱり歯磨きは大切です。そして、なぜか、口腔ケアをすることで眼病を防ぐことができるとも説かれています。浅学のため、口と目の因果関係はよくわかりませんが、眼病予防にもなるのなら、さらに張り切って歯磨きをしたくなりますね。

ところで、七世紀の仏教僧団の様子を記した『南海寄帰内法伝(なんかいききないほうでん)』には、当時の歯磨きの仕方が詳しく載っています(註42)。

ここでは興味深いことに「歯の付け根には汚れが積もって硬くなる(いわゆる歯垢や歯石ですね)ので、こそいで取り去ること」と、プラークコントロールに関する記述があるんですよ。

口腔ケアが重要視され、発達している現代。でも実は、お釈迦さまの時代から、しっかりとその重要性は説かれ、実践されていたのですね。

唾のエチケット

日本人は清潔好きといわれます。インフルエンザなどが流行する季節には、多くの人がマスクをかけ、咳のエチケットに努めています。

お釈迦さまの時代には、唾のエチケットがあったようです。お釈迦さまは修行僧たちに、至る所で唾を吐いてはいけないと注意されました。大小便と同じように、草が生い茂る場所や、野菜の上、浄い場所や水中に唾を吐くことも禁じられました(註43)。

それで、唾を吐くための容器が用意されました(註44)。今では見なくなった痰壺のようなものです。唾を吐くための専用の容器とはいえ、そのまま唾を吐き入れると、壺の中に唾がたまって、ちょっと気持ちが悪くなります。なので、壺の底に灰や砂や焦げたものを入れて、唾を見えなくし、しかも中身を取り替えやすくするように工夫されています。すごく衛生的で潔癖なこと。いやはや恐れ入ります。

また、経行(歩く坐禅、ウォーキング)をしている最中に唾を吐きたくなっても、要所に唾壺が置いてあるほどの徹底ぶりです(註45)。お釈迦さまは、歩きながら唾を吐くことなく、唾壺の所までたどり着いてから、唾を吐き入れるように指導されました。

仏教僧団は、清潔好きな日本人がかなわないほど、衛生的な生活をしていたのかもしれませんよ。

集団生活の基本は、しっかりとした手洗いから

——手洗い・うがい

感染症予防には、手洗いとうがいは必須です。保育園や学校、介護施設や職場など、集団生活の場では、必ず励行されています。

お釈迦さまも、手洗い・うがいを推奨されていました。

澡豆(そうず)と楊枝を使って、手を洗い、口をすすぐように、と指示されています(註46)。澡豆とは、手足を洗うための洗い粉。大豆や小豆などを粉末に砕いて用います(註47)。粉々になった豆のくずを、石けんのような要領で使っていたようで、澡豆以外にも、汚れをおとす洗浄剤として、牛尿や灰土を用いることが許されていました(註48)。因みに尼僧さんたちは、ブドウの樹などの皮を使用していたようです(註49)。

特に食事前の手洗いの徹底は強調されています。手を使って食事をするインドの食習慣のためなのか、それとも食中毒や集団感染を予防するためなのか、とにかく、お釈迦さまは手を清潔に保つことに気を配られていました。

・朝起きたら、すぐに手を洗いなさい。
・食事の前にも必ず手を洗いなさい。
・五本の指だけではなく、手首までしっかりと洗うように。
・強くこすりすぎないように。
・血が出るまでこするのはいけません。
・洗った後で不潔なものを触ったら洗い直すように。
・そして常に乾燥させておくように（註50）。

と、まぁ、事細かに指示されています。スゴいですよね。まるで細菌を取り扱う研究者か、手術前の外科医みたいです。ポスターにして、学校や職場の手洗い場にデカデカと貼ってもいいぐらいです。

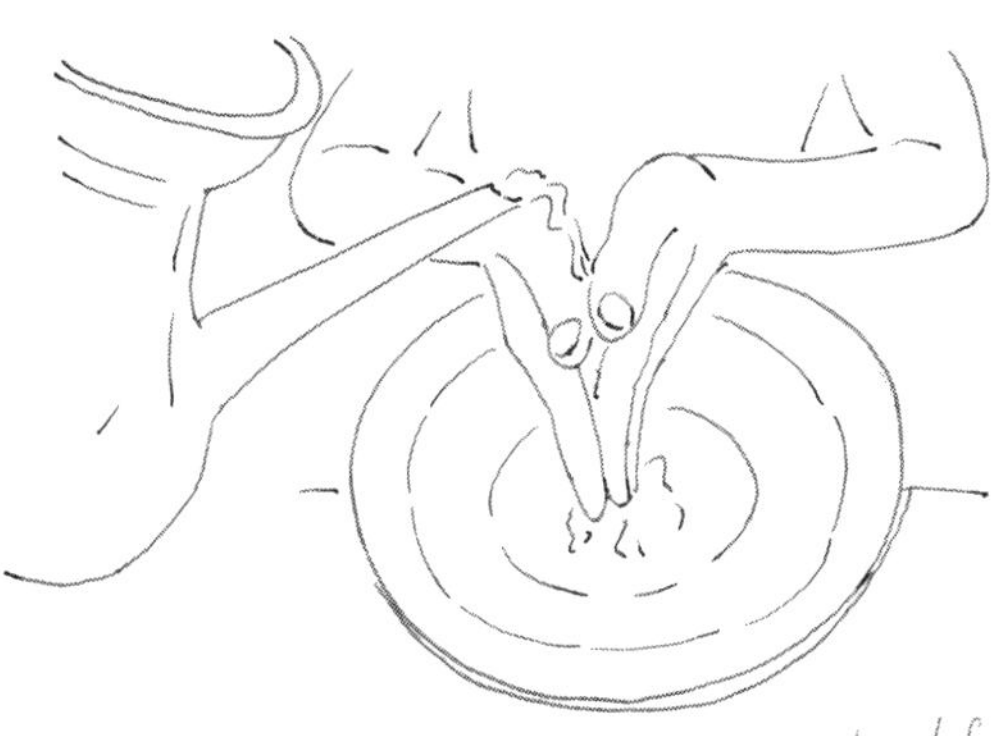

hands-washing before meal, India

手洗いの後は、うがいです。

「口をすすぐとは、どうやるのですか」と、尋ねられたお釈迦さまは、こうお答えになられました。

「水を口に含んで、三回転がしなさい」(註51)

クチュ、クチュ、クチュ、ってしなさいっておっしゃっているんですね。現代の口をゆすぐ行為と同じですね。お釈迦さまや修行僧たちがアヒル口になって、クチュクチュしていたのでしょうか。ほのぼのとした光景を想像してしまいます。

お釈迦さまの時代に、これだけ集団衛生の概念が発達し、行われていたとは驚きです。お釈迦さまは、現代でいう予防医学のお考えをおもちだったのでしょう。とても衛生的な修行環境が整っていたと考えられます。

爪のケア

お釈迦さまは、爪の手入れについてもアドバイスされています(註52)。

- 爪は切ること。
- 長爪や深爪はいけません。
- 爪の先端を尖らせてはいけません。
- 爪を磨いて光らせてもいけません。
- 爪を彩色で染めてもいけません。

もともとは、修行僧の爪が長くなって、人を傷つけたり、自分自身を傷つけたりすることがないように、爪を伸ばすことが禁じられました。

爪切りの所持が認められると、ムラムラとオシャレ心が出てくるものなのでしょうか。後半の3つからは、仏教僧団にもネイルアートの出現が見て取れます。まぁ、いろんな修行僧がいたようですから、なかには爪のオシャレを楽しむ僧もいたのでしょうね。結局は禁じられてしまうのですが、なんだか微笑ましくもあります。いずれにせよ、2500年前のお釈迦さまの時代にも、現代に通じるようなネイルアートの美的感覚があったということは、とても興味深いことです。

こうやって仏典を眺めてみると、現代の私たちの価値観や美意識にも共通する部分が随分とあります。仏典の内容が、遠い昔のことではなくて、ファッショナブルに、そして身近に感じられますね。

安全な耳かきの方法を守り、道具の手入れも怠らないように

——耳かき

ロンドンにいたころ、耳かきをすると、綿棒にすすけた黒い色がついていて驚いたことがあります。はじめは病気かと思いましたが、どうも地下鉄の汚い空気のせいらしいのです。

「それは、あのダーティな空気のせいだよ。ほら、ティッシュを鼻につめてみな」イギリスの友人がいうようにやってみると、鼻の中もさらに黒くなっていました。これは四半世紀も前のこと。現在ではとてもキレイになっているようですから、あの薄汚くも懐かしい（しかも、よく遅れる）ロンドンのアンダーグラウンド（地下鉄）は遠い昔のことかもしれません。

耳垢は、空気中のホコリなどが耳に入り、それに耳から出る分泌物が混ざって、耳の中にたまっていきます。暮らしている環境によって耳垢の色も変わるものなのですね。インドでの耳垢は、心なしか茶色かったような気がします。

では、お釈迦さまが過ごされていた時代では、どうだったのでしょうか。『十誦律』にそのものずばり、「摘耳法」という、耳かきの仕方が書いてあります（註53）。

・するどいもので耳垢をとってはいけません。
・強くとってもいけません。
・徐々にとること。
・耳肌を傷つけないように。
・これを摘耳法と名付く。

まるで膝枕で子どもに耳かきをする母親のような慈愛の目線。お釈迦さまのきめ細やかなご指導に、痛み入りま

ear-cleaner
on a street, India

す。

では、どのようなもので耳垢をとっていたのでしょうか。『四分律』に「挑耳篦（ちょうにへい）」という、耳かきと思われる道具が記されています（註54）。

修行僧たちは、耳の中に垢がたまり、患っていました。お釈迦さまはおっしゃいました。

「挑耳篦を作ることを許します」

修行僧が高価な材料を用いて作ると、お釈迦さまはおっしゃいます。

「それは、いけません。骨や牙や角、竹や木を使って作りなさい」

使った後で洗わずにいると、お釈迦さまはおっしゃいます。

「それは、いけません。洗いなさい」

乾かさずにいると、お釈迦さまはおっしゃいます。

「それは、いけません。乾かしなさい」

ここでもお釈迦さまは、懇切丁寧にご指導されています。耳かきはデリケートなもの。道具も丁寧に扱わなくてはいけませんね。

　さて、冒頭の友人に、イギリスではどうやって耳垢をとっているのか尋ねてみました。

「僕たちは耳かきをしないんだ」

　えっ？　耳垢がたまったらどうするの？

「耳垢がたまってブロックされたら、耳鼻科に行ってとってもらうんだよ」

　本当に？　それって君だけでは⁉

薬箱の中の灰の用途について、〝ぢ〟っと考えてみた

——灰と魔法の糸

「和尚さん、畑にまくけん、灰ば欲しかとばってん」

農業を趣味とされているお檀家さんから、そう声をかけられました。

「畑の土は、作物を育てると酸性になるけん、灰を混ぜて中性にするとですよ」

はいっ？

酸性を中性にするには、アルカリ性を加えます。アルカリの語源は、アラビア語のal-gālī（アル・ガーリー）。al-gālīとは灰のこと。酸性の土に、アルカリ性の灰を混ぜて、中性にするのですね。ふむふむ、なるほど、科学的。

灰にはカリウムやカルシウム、マグネシウムなどが多く含まれていますから、灰をまいた畑からは、ミネラルたっぷりの野菜が育ちそうです。そもそも「畑」という漢字のおこりが、「火に田」ですからね。水をはる「水田」とは真逆で、畑は田を炎でおおっていたのかもしれません。あっ、焼き畑農法というのもありますね。や

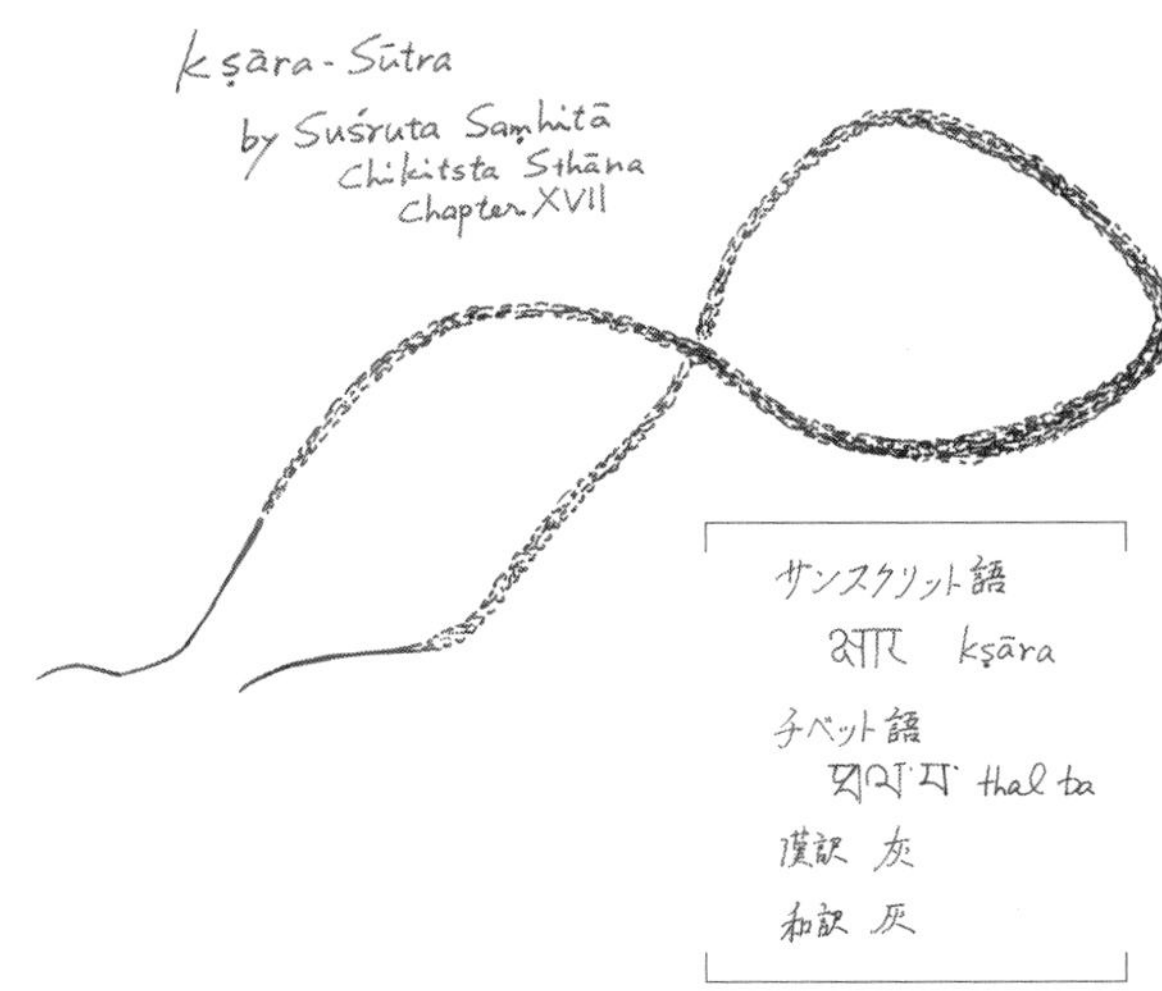

っぱり灰は肥料になるんですよ。

そういえば、花咲か爺さんも、枯れ木に灰をまいていましたが、あれも灰を肥料として、まいていたのでしょうか。だとすると、花咲か爺さん、なかなかの知恵者です。

灰は、お釈迦さまの薬箱にも登場します。「尽寿薬」のなかの「灰の薬」というカテゴリーとして、いろんな植物の灰を紹介されました。しかし、農作業をしなかった初期仏教僧団が、畑の薬として灰を使っていたとは考えられません。では、いったいどのような薬として、灰を使用していたのでしょうか？

それを考える前に少し話題を変えて、お坊さんがかかりやすい病気ってなんでしょうか？　いろいろと思いつきますが、ここでも漢字をきっかけとして考えてみましょう。お寺での病い？「疒（やまいだれ）」に「寺（てら）」で、痔。そう、痔ですよ、「ぢ」！　この灰薬が、痔の治療に用いられていたのではないのかと、私は勘ぐっています（註55）。

インドの伝統医学アーユルヴェーダでは、痔の治療に、kṣāra sūtra（クシャーラ・スートラ）、通称「魔法の糸」が使われています。この糸には数種類の薬品が塗られているのですが、そのひとつが灰なのです。実際にkṣāraとは灰という意味ですので、魔法の糸の肝心要（かなめ）は、やはり灰でしょう。また、中国の薬学書『神農本草経』にも、その腐食作用を利用した外用薬として記載されていますので、灰の治療効果は昔から知られていたようです。現在の日本でも、痔瘻の治療に使用される国産のクシャーラ・スートラ「金沢糸」が有名です。

お釈迦さまの薬箱に灰が入っているのは、悩める修行僧たちの苦しみに対応するものだったのかもしれませんね。

痔の治療

『四分律』巻第四十に、ジーヴァカ医師がビンビサーラ王の痔疾を治療した記述があります。

ビンビサーラ王は肛門から血が出る疾患にかかりました。侍女たちは「王さまは、女性のような病いになられましたね」と笑いました。王は恥ずかしくなり、医者を探させます。そこで若きジーヴァカ医師の登場です。ジーヴァカは鉄の浴槽にお湯をはり、そのなかに王に入ってもらい、横になるように申し伝えます。そして、水を注ぎながら、あるまじないを唱えると王は眠りに落ちました。それからジーヴァカは、鋭いメスで王の患部を切り取り、傷を洗浄し、膏薬を塗りました。すると、患部はたちまちに癒え、毛が生えてきて、他の所とまったく違わなくなりました。再びまじないを唱えると、王が目覚めます。なにも知らない王は、「私の病いを治しておくれ」といいます。ジーヴァカは「すでに治し終わりました」と王に伝えました。その言葉通り、王の痔疾は完治していました。

お釈迦さま在世当時、すでに全身麻酔をして、外科手術を施していたのですね。驚くべきことです。

お釈迦さまに接するように病人に接すること。それが看護の心得

——看護

入院をすると、健康の有り難さが身に沁みます。早く健康な身体に戻りたい一心で、医師の指導のもと、看護師さんたちの指示に従って、治療に専念します。

お釈迦さまは、よき患者の心得五箇条を説かれています(註56)。

一、性格が悪くてはいけません。
二、看護師の教えをちゃんと守ること。
三、病いによっては、食べるべき食物と食べるべきではない食物を分かつこと。
四、自らよく薬を服用すること。
五、自らよく忍んで、節量すること。

そして、看護する者の心得五箇条も説かれています。

一、性格がよく、（患者と）ともに語ること。
二、病人の話をよく聞いて、それに従うこと。
三、病いによっては、食べるべきものと、食べてはいけないものをよく知っていること。
四、病人のために、薬を探すこと。
五、よく忍ぶこと。

現代でも通用するような心得です。お釈迦さまは、病気の人びとに対して、とても優しく接されていました。病気の僧には、厳しい律の一部を免除してくださったほどです。病気の修行僧に対する、このようなエピソードが

あります（註57）。

＊＊＊

お釈迦さまが修行の様子を見て歩かれていると、ある修行僧が大小便まみれで寝ていました。お釈迦さまが「どうしたのですか」とお尋ねになられると、病気で寝ているとのこと。

「看病人はいないのですか」

とさらにお尋ねになられると、

「私は健康なときに、病気になった仲間を看病することがなかったのです。それで、私が病気になっても、だれも看病をしてくれる人がいないのです」

と、病気の修行僧は答えました。お釈迦さまは、

「病人に対しては、お世話をしてあげましょうね。修行する僧がお互いに看病しあわないなら、だれが看病するというのですか」

と諭されました。そしてお釈迦さま自ら、その病気の僧の身体を起こして、身体の汚れを拭きとられました。それから、衣を洗って乾かし、寝床を清められ、部屋

の掃除をなさり、寝床には新しい草を置いてカバーをかけられると、その病気の僧をそこに横たわらせて、布団をかけておやりになりました。それから、他の修行僧たちにおっしゃいました。

「これから、病気の修行僧にはしっかりと看護をしてあげなさい。もし私に供養しようと思う者があれば、それは病人に供養してあげなさい」

＊＊＊

なんという慈悲深くありがたいお言葉でしょうか。病人に接するときには、お釈迦さまに接するようにしなさいといわれています。お釈迦さまのお優しさが伝わってくるエピソードです。

衣服を長持ちさせるためにも
健康のためにも、洗濯って大事

——洗濯

インドの川辺で、綺麗なサリーやジーンズなどを、石に打ち付けている人びとを見たことがあります。鼻歌まじりで、ビシバシと。初めて見る、のどかながら異様な光景を不思議に思い、ガイドさんに尋ねてみました。

「あぁ、あれは洗濯をしているんだよ」

と、さも当然そうに答えます。

「えぇ～！　石に打ち付けるだけで、汚れがとれるの？　しかも、川の水は濁っているよ！」

「そう？　キレイに洗っているんだよ」

これがインドの田舎での洗濯屋さんの流儀なのだそうです。いぶかしがる私を、ガイドさんは逆に不思議そうに見ていました。さらに、

「最近は、デリーなどの大都市では、自動洗濯機が流行っていて、こういう洗濯屋

さんたちの出番がなくなっているんだよね。困ったもんだ」

ため息まじりで、そう話します。

「いや、そりゃ、そうでしょう。濁った川の水を使って、石にぶつけるよりは、洗濯機の方が、よっぽどキレイになるよお！」

「まぁ、そうかもね」

ガイドさんは、なんだか複雑な顔をしていましたが、この洗濯の仕方も、インドでのカルチャーショックのひとつでした。

お釈迦さまの時代の仏教僧団でも、洗濯は大切なこととされていました。衣を洗濯することに、五つの利があると記されています（註58）。

一、汚れを除く。
二、シラミを生じない。
三、体がかゆくならない。
四、衣がよく染まる。
五、衣を長く使える。

そうですよね。これらは現代でも通じること。洗濯は大切です。お釈迦さまは、「衣を傷つけないように、心を込めて洗いなさい」とおっしゃっています。僧侶が身につけていたのは、本来、ぼろ布を縫い合わせて作った糞掃衣です。糞掃衣は出家した仏教僧のシンボル。丁寧に扱わなくてはいけません。そもそも、強く打ち付けて洗うと、五つの損失があるとおっしゃっています（註59）。

一、破れやすくなる。
二、重労働に堪えられなくなる。
三、心労がふえる。
四、無益で煩わしいはたらきである。

五、衣が破損して、破れやすくなる。

ほらね、やっぱりそうでしょう！　石に強く打ち付けてはダメなんですよ。衣服が傷つきそうだし、すごく重労働ですよ。そもそも、石を使って洗ってもいいのでしょうか、お釈迦さま。

「粗い石を用いて洗うと、衣が傷ついてしまうから、肌の細かい石を使いなさい」（註60）

あら、やっぱり石を使うんですね。

綺麗好きなお釈迦さまの、お掃除フルコース！

——室内清掃

禅の修行道場での、主な修行は坐禅と作務(さむ)です。作務とは、主に掃除をすること。作務衣を着て、頭に作務タオルをまき、臨戦態勢で臨みます。先輩僧や役職に就かれた和尚さんまで一緒になって、一心に掃除をします。素早く、細かく、丁寧に。始終無言でテキパキと。素晴らしいチームワークです。初めて見たときには、驚いて気後れしたほどです。掃除が得意ではなかった私は、案の定、厳しい指導を受けることになりました。


「なんだ、その箒の持ち方は！」

「雑巾がけは、もっと腰を入れろ」

「四角い部屋を丸く掃除するな」

「障子の桟(さん)の端までしっかり拭くんだ」

「掃き掃除は風向きを考えろ」

「浄巾（じょうきん）と雑巾は違うんだ。味噌も糞も一緒にするんじゃない」（浄巾とは仏壇など、仏さまがいらっしゃる所を拭く巾です。廊下などを拭く雑巾とは別です）

いやはや、私のどんくさい掃除のやり方に、指導する側も大変だったと思います。しかし、しばらくすると、私も目の色を変えて掃除をする一団に加わっていました。

お釈迦さまも掃除に関しては細やかな指導をなさっていたようです。『小品』（註61）には、こんな記述があります。まずは、部屋に入るところから始まります。

・精舎を掃除するときには、まず人がいないことを確認すること。
・ノックをして、しばらく待つ。
・それから戸を開き、外に立ったままで中を覗いてみる。
（しょっぱなから細かいですね。そして部屋に塵が積もっていたら）
・ベッドやイスを重ねて置く。
・その上に寝具などを置く。
・ベッドを動かすときにはぶつけないよう慎重に。
・敷物ははいで、ベッドやイスと一緒に片すみに置いておく。
・それから掃除をする。
（ね、細かいでしょう。掃除のコツも、さらに微に入り細をうがち指導なさっています。一部を紹介すると）
・クモの巣があれば取り除くこと。
・窓と部屋の隅を掃くこと。
・土で固めた壁や床に塵がついていたら、布を濡らしてしぼってから拭くこと。
・塵は集めてから捨てること。
・塵で精舎を汚してはいけない。

（さらに、日光消毒も推奨されています）

・敷物は、日にさらし、掃き、叩き、元の場所に置いておくこと。

・ベッドやイス、布団や枕も同様に、日にさらして、掃き、叩き、元の場所に戻しておくこと。

今の修行道場もそうですが、お釈迦さまの時代の仏教僧団も、集団生活をしていました。みんなが気持ちよく修行に打ち込むことができるように、また衛生面に考慮して、特に細かく指導されていたようです。掃除に関して口やかましかったのは、お釈迦さまの時代からだったのですね。

水の中に虫がいたら、そのまま飲んではいけません

――飲み水

私たちの身体の約三分の二は水分でできています。だからこそ、飲み水は命に関わる大切なもの。

日本では安全な水が簡単に手に入りますが、世界を旅していると、溜め水や川の水、濁った水を利用したりと、あまり衛生的ではない土地も多くあります。そういう所では、生野菜や氷などは極力口にしないよう注意しなければいけません。もちろん、生水や水道水も飲めません。

さて、お釈迦さまの時代には、飲み水は

どうなさっていたのでしょうか。

修行僧たちが所有を許された六つの持ち物のなかに、「漉水嚢（ろくすいのう）」というものがあります。これは水を濾過するための道具です。お釈迦さまは、水の中に虫がいたら飲んではいけないとされました。虫を殺さないためです。ですから、水を濾過して虫や微生物を排除して飲むために、水を漉（こ）す道具、漉水嚢が必需品となります。漉水嚢の作り方も事細かに決められています。柄杓の形や三角形、外枠をしっかりと定めたもの、漉すための瓶などが紹介されています（註62）。高価なものを使用しないように、材質も定められました（註63）。

大まかにいうと、大型版の布製コーヒーフィルターのイメージです。また、漉水嚢に使われる布の材質も紹介されています。基本的には薄布を使用しますが、織り目が細かい布、寄贈された布のなかでも目が細かいものが推奨されています。また、その布を二重または三重に重ねての使用も可能です（註64）。

それでも微生物が濾過されなかったならば、その土地を離れるようにとまでおっしゃっています（註65）。徹底した濾過ぶりです。修行僧たちの健康を守るために、衛生面をも考慮されてのことなのでしょうね。

飲み水を求めるだけであれば、煮沸した後に水を飲むことができます。しかし、この漉水嚢の使用は、生き物を殺してはいけないという「不殺生戒」を守ることを基盤にしています。生きとし生けるものに対する慈愛からです。煮沸して虫を殺してしまえば本末転倒になってしまいます。お釈迦さまの命に対する慈しみのお心を垣間見るようです。また、こんなエピソードがあります（註66）。

＊＊＊

二人の修行僧が、お釈迦さまに会いに行こうと旅をしていました。喉が渇いたので、水を飲もうとしますが、汲み取った水には虫が浮いています。二人とも漉水嚢を持っていませんでした。ひとりの僧は喉の渇きに耐えきれず、そのまま飲みました。もうひとりの僧は、虫が入っている水は飲まないと我慢し続けて、ついに亡くなってしまいました。

お釈迦さまはこの話をお聞きになられて、修行僧たちに告げられました。

「これから漉水嚢を持たずして旅をしてはいけません。近場への移動ならば、不携帯でもよしとしましょう。また、濾過した水を入れる筒の携帯も許します」

そして、虫がいた水を飲まなかったために亡くなった僧に対して、慈しみの言葉を語られました（註67）。

「節度をわきまえ精進して怠らずに勤めた修行僧が、もし彼岸に至ってしまい、私から遠ざかったとしても、私はいつも彼を見ています。そして、彼は、いつも私の近くにいます」

＊　＊　＊

ありがたいお言葉です。

お釈迦さまが強調される大きな功徳、それは食事を施すこと
——食事の供養

お釈迦さまの時代、修行僧たちに対して多くの施しがなされました。特に「四事(しじ)供養」(註68)といって、飲食物や衣、臥具(がぐ)(寝具)、薬がその中心でした。修行僧たちは毎日托鉢に出かけますから、信者の人びとにとって食事を施すことは身近なものだったに違いありません。お釈迦さまの前世物語『ジャータカ』に、自分の身を投じてまで食事を供養しようとしたウサギの話があります(註69)。

＊＊＊

むかしむかし、ウサギと猿とジャッカルとカワウソが仲良く住んでいました。ある日、食べ物を求めてひとりの僧がやって来ました。四匹は施しが大いなる功徳であることを知っていたため、カワウソは魚を、ジャッカルは肉を、猿は果実を供養

すると申し出ました。しかし、ウサギはなにも供養するものがなく、自分の身を焼いて捧げることを決意しました。自分の毛についているノミなどの生き物が自分と一緒に焼け死ぬことがないようにと、三度身震いをして、

「どうぞ私の肉を召し上がってください。そして修行者の道を完成させてください」

といって、火の中に飛び込みました。ところが、その火は雪のように冷たく、ウサギの毛一本として焼くことがありませんでした。不思議なことがおきて、みな驚きました。

実はこの僧は、インドラの神さまだったのです。神さまはウサギの行いをほめたたえて、

「おまえの尊い行いが、永遠に人びとに知られるように」

と、月の表面にウサギの姿を描かれました。

それで今でも、月にはウサギの姿が浮かんでいるということです。このウサギこそが、後の世にお釈迦さまに生まれ変わることになったのです。また、このときの猿やジャッカルやカワウソは、同じく生まれ変わって、お釈迦さまの弟子となりました。

＊＊＊

自分の身を捧げるというのは、少し極端のように思えるのですが、施しをすることの尊さや、後々までその功徳が続くことを伝えています。

また信者の人びとは、亡くなった父母や兄弟姉妹のために、食事を施す場合も多かったようです。せっかく先祖たちの供養のために食事を施すのに、卑しい行いをする修行僧たちがいると、怒り出す信者もいました(註70)。修行僧たちも、信者からの寄進によってのみ食事を得ていたのですから、それに値する修行を積み、行いを正さなければいけませんね。

食事のマナー

お釈迦さまは食事のマナーに、ことのほか厳しかったようです。当時の仏教僧団は自分では食事を作らず、もっぱら托鉢でいただいたものを食べるか、在家の信者さんのお宅に招かれて食事をしていました。信者さんの家で食べるわけですから、いわゆる客人です。招いた主人に不快な思いをさせないよう、行儀よい振る舞いが肝心となります。ですが、なかにはとても行儀の悪い僧もいたようです。素行が悪い者には、お釈迦さまがしっかりと諭されました。その一部を紹介します(註71)。

・口の中で食べ物をもてあそんではいけません。
・ご飯を大きく丸めて食べてはいけません。
・舌を出し、食物を舌で受けて、
　それから口に入れるような食べ方はいけません。
・次の食べ物を食べる前から、大口を開けていてはいけません。
・口に入れた食べ物を、食器に戻してはいけません。
・食べ物を口に入れたまま、おしゃべりしてはいけません。
・指をしゃぶって食べてはいけません。
・噛むときに、くちゃくちゃと音を立てて食べてはいけません。
・食を丸呑みしてはいけません。喉につまってしまいます。
・食べ物を落とさないようにしなさい。

現代でも通じるような内容ですね。食事のマナーをしっかりと守って、気持ちのよい作法で食事をいただきましょう。

食べ過ぎをなくして、身体も心も軽やかに！

――肥満とダイエット

肥満は飽食の時代の現代病です。生活習慣病のもとになるといわれ、脳卒中や心筋梗塞、糖尿病などの病気につながるとされています。余分な脂肪が身体につくことで、骨や関節に余計な負担をかけてしまいます。肥満解消のために、運動や食事に気をつけて、ダイエットに励んでいるかたも多いのではないでしょうか。

また脂肪が喉の周辺にたまっていくと、気道が狭くなって、起きて活動しているときには大丈夫でも、寝ているときには筋肉がゆるみ、気道の空気の通りが悪くなることがあります。それで、大いびきをかいたり、悪くすると睡眠時無呼吸症候群につながります。これは睡眠中に呼吸が止まってしまう症状です。一時的にとはいえ、呼吸が止まってしまうのですから、命に関わる病気です。

お釈迦さまの時代に、パセーナディという王がいました。当時の北インドでの強国のひとつ、コーサラ国の王さまです。このパセーナディ王はずいぶんと太っていたようで、お釈迦さまを訪ねに祇園精舎へ出向いたときには、息を切らせて、大汗をかいていました。王はお釈迦さまに申し上げました。

「肥えてしまって、このありさまです。お恥ずかしい限りです」

「食事を節量して、少しずつ食べるようにしてください。消化にもよく、寿命を保ちますよ」

お釈迦さまは、王にそうアドバイスをなさいました（註72）。

食事を節制することで、体重をコントロールするのですね。過剰に食べない限り、太ることはありませんから。

例えば、禅の修行道場では、毎日が粗食です。私の修行時代には、朝は玄米粥のみ、お昼に麺類とおひたしが一品、夜にご飯とみそ汁、おかずが少々というメニューでした。量も少なく、肉、魚、卵などは一切使いません。いわゆる精進料理です。すると、一カ月もしないうちに十キロ以上も痩せてしまいました。それでも、全力で修行に打ち込みます。緊張感もあったのでしょうが、体調をくずすこともなく、充実した毎日を過ごすことができました。そこで確信しました。修行以前の私は食べ過ぎていたのです。少々食事の量を減らしたところで、集中力を欠くことはありません。むしろ、身体も軽くなり、精力的に動くことができます。食事の見直しは、生活の基本を立て直すことにもつながります。

またお釈迦さまは別の教典でも、同じくパセーナディ王に食べ過ぎを戒められています（註73）。

「がつがつと食べ過ぎる人は、身体が重くなり、心がゆるんで怠るようになります。現在と未来の人生で、利を失うことになります。睡眠中も苦しく、また他の人をも悩ませ、目覚めも悪くなるものです。時に応じて、食事を節量すべきです」

食べ過ぎは身体にも心にも影響し、体重が増え、身体が動かしにくくなって、怠りの心が生じるといわれているのです。

さらに、肥満による睡眠への影響も説かれていますね。「睡眠中に苦しく、また他の人も悩ませる」とは、まさに大いびきと、睡眠時無呼吸症候群のことではないでしょうか。お釈迦さまの時代にも、太り過ぎによる睡眠時の危険性が知られていたのかもしれません。興味深いことです。

〝不飲酒〟の仏教において、〝般若湯(はんにゃとう)〟の正体とは？

――アルコール

不許葷酒入山門（葷(くん)酒、山門に入るを許さず）

禅寺の入り口には、こう刻まれた石塔が建っています。

「葷と酒は、山門から先に入ってはいけない」という意味です。葷とは、ニンニクやラッキョウ、ニラなど、香りの強い野菜類。それらと酒は、修行の妨げになるので、禅寺には不要。持ち込んではならぬ！　と、入り口で高らかに宣言しているわけです。

キリスト教のミサでは、ブドウ酒がキリストの血を象徴する飲み物として飲まれていますし、神社へ行くと、結婚式などのお祝い事に酒は欠かせません。アルコールと宗教は親和性が高いのかと思う一方で、イスラム教ではアルコールは厳禁。インドのヒンドゥー教でも、アルコールは好ましくないものとされています。では、仏教の場合はどうでしょう。

仏教には在家信者が守らなければならない「五戒」（註74）という決まりがあります。

一、不殺生戒（ふせつしょうかい）―命あるものを殺してはいけない。
二、不偸盗戒（ふちゅうとうかい）―盗んではいけない。
三、不邪淫戒（ふじゃいんかい）―よこしまな性行為をしてはいけない。
四、不妄語戒（ふもうごかい）―嘘をついてはいけない。
五、不飲酒戒（ふおんじゅかい）―酒を飲んではいけない。

はい、仏教でアルコールは、しっかりと禁止されています。

その理由として、お釈迦さまはアルコールの弊害を三十五項目（註75）も挙げられています。「よくまぁ、そんなにも……」と思いますが、けんかのもとになり、恥じる心がなくなり、欲望のままに行動し、智慧（ちえ）を失う、などと羅列して指摘されると、もう頭をたれるしかありません。

しかしながら、例外も設けられています。「薬草酒」です。治療のためであれば、病人に対してアルコールの使用を認められています（註76）。さすがはお釈迦さま、お優しい。そして興味深いことに、治療法として、酒を嗅いだり、酒で身体を洗ったり、酒餅を食べる方法まで紹介されています(註77)。ただし、アルコールを薬として用いることができるのは、他の薬では治らない場合のみで(註78)、あくまでも特例のようです。ぬか喜びしてはいけませんよ。

ところで、「般若湯」という呼び名をご存じでしょうか。般若(prajñā)とは智慧のこと。つまり般若湯とは智慧の飲み物。なんのことはない、酒の隠語です。不飲酒戒があるために、堂々とは酒が飲めない僧侶が、世間をはばかって作った造語のようです。

「これは酒ではない、智慧の湯なのだ。般若への道なのだ!」

そう嘯(うそぶ)いて、酒を飲んでいたのでしょうか。なかなかユーモラスな知恵者ですね。

さらに、冒頭の「不許葷酒入山門」という言葉を、「不許葷(葷は許さず)、酒入山門(酒、山門に入れ!)」と強引に読み替えた強者(つわもの)までいます。これぞまさに般若湯の効果。般若の智慧!

やはり、アルコールと宗教は親和性が高いようです。

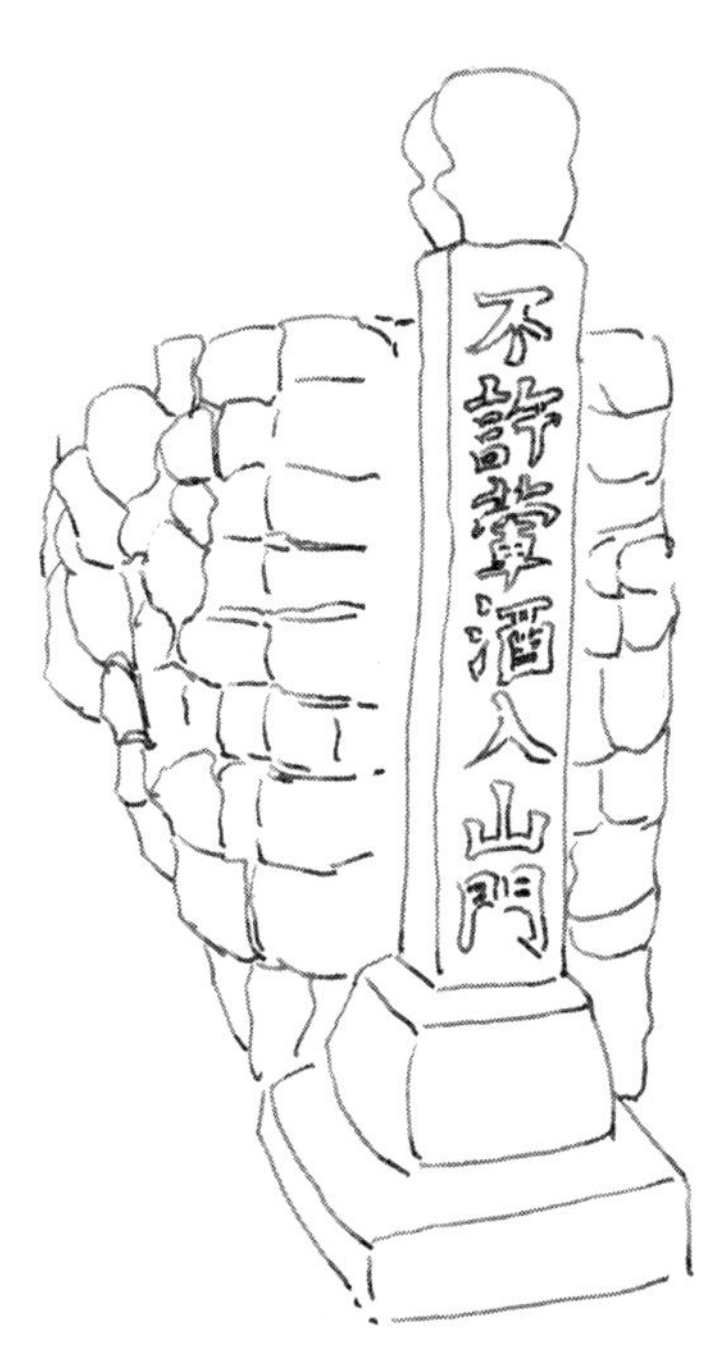
不許葷酒入山門

お釈迦さまの時代にも温泉は人気だった!?

——入浴

インドのような暑い地域を旅すると、シャワーで汗を流して、スッキリしたくなります。みんなも同じ気持ちなのでしょう。河や池で沐浴する人びとの姿を、列車の窓越しによく見かけました。お釈迦さまの時代には、エアコンも扇風機もなく、ホコリっぽい道を歩まれていたわけですから、ひと汗ながしてサッパリしたくもなられたでしょう。キレイ好きなお釈迦さまのことです。お風呂はどうなさっていたのでしょうか。

沐浴の効果は、さまざまな仏典に記されていて、その必要性や関心の高さがうかがえます(註79)。ひとつ紹介すると、入浴には五つの功徳があるのだそうです(註80)。

一、垢を除き、

二、身が清浄になり、
三、身体の寒冷病を除去して、
四、風を除き、
五、安穏を得る。

老廃物を除き、身体を清めるだけではなく、冷えにも効果的で、心地よくなる。うん、うん。そうそう。あれ？　現代でも、入浴に同じような効能をもとめていませんか。お釈迦さまの時代も今も、私たちの欲求は変わらないものですね。因みに、食前の入浴がおすすめのようですよ（註81）。

浴室での心得（註82）もひと昔前の時代と同じ。いや、もっと現代的かもしれません。

・まずは、浴室をしっかりと掃除すること。

Gṛdhra-kūṭa, Rājagṛha

・古い水は新しく取り替えて、
・薪を準備し、
・浴室には、瓶や坐机など、入浴に必要な道具をそろえて、
・病気の僧侶や年老いた僧侶が入浴を望めば、介護して入浴の手助けをするように。

こと細かに、詳しく、衛生的なことにも配慮されていて、しかも介護の要素まで含んでいます。とても二千五百年前に説かれたものとは思えませんね。お釈迦さまは、私たちが想像するよりもはるかに、現在にも通じる衛生や介護の観念をおもちだったようです。

王舎城という、仏典で有名な場所があります。この地はインドでは珍しく、温泉が出る土地柄です。お釈迦さまの時代には、温泉場が三種類に分けられていたようです（註83）。

・王温泉――王や王妃、お釈迦さまや修行僧が浴する。
・比丘（びく）温泉――お釈迦さまや修行僧が浴する。
・象温泉――象や大衆が浴する。

比丘とは僧侶のこと。つまり、比丘温泉は、僧侶専用の温泉です。なんてうらやましい！　王舎城のビンビサーラ王が、熱心な仏教信者でしたから。特別に優遇してくださったのでしょうか。それにしても専用の温泉があったなんて、福利厚生がよかったのですね。

また仏典には、サウナのような熱気浴や、お風呂のような温湯浴を利用していたとの記述もあります（註84）。河や池での水浴とは異なり、温浴は主に治療を目的としていたようです。

善神に護(まも)っていただけるような、よい睡眠をとる方法

——睡眠

人は人生の三分の一から四分の一を眠っているといわれます。それだけに、質のよい睡眠はとても大切です。二千五百年前のお釈迦さまの時代とて同じこと。よい睡眠をとることは、修行僧にとって重要なことでした。

お釈迦さまは、睡眠を二つに分けて説かれました。「よい睡眠」と「悪い睡眠」です。その表現方法は、律によって違います（註85）。『十誦律』によると、お釈迦さまは、よい睡眠をとるために、こう説かれています。

「淫らな思いや怒りをおこさず、くよくよせずに、一心に眠ること」

そしてよい睡眠の五つの徳を説かれました。

一、すぐに眠りにつくことができる。

二、目覚めもスッキリ、

三、悪夢は見ない。
四、眠っているときには、善神が護ってくださり、
五、目覚めると、心はよく法を観ることができる。

よい眠りについている間は、神さまが護ってくださっているのですって！　そりゃあ、悪夢も見なければ、寝覚めもいいですよね。このうえない安心な心持ちで床につけます。五番目の「心はよく法を観ることができる」とは、スッキリと目が覚めるから、お釈迦さまの教えをしっかり理解することができる、という意味でしょう。

それに対して、悪い睡眠はどうでしょうか。『四分律』にいう「悪意睡眠」（註85参照）とは、

Young monks, an afternoon nap at Thai temple.

一、悪夢（を見る）。
二、諸天は護らず、
三、心が法に入らず、
四、明るいことを考えられなくなり、
五、夢の途中で夢精をしてしまう。

あらら、これは困った眠りです。悪夢にうなされるばかりか、神さまは護ってくださらないし、お釈迦さまの尊い教えは心に入らず、暗くなって、しまいには夢精までしてしまいます。かわいそうに、若き修行僧たちにとって、時に眠りは大いなる脅威だったのかもしれません。

やはり、よい睡眠のためには、余計なことを考えずに眠ることに集中しなさいってことですかね。ベッドの中で、あれこれ考えちゃダメなんですね。

あぁ、若き修行僧たちよ！　いらぬことは考えず、どうか一心に、熱心に眠っておくれ。翌朝こっそりと下着を洗わなくてもいいように、あなたがたのよき眠りを祈っています。

体調によって見る夢の色が変わる

お釈迦さまは、夢に5種類(註86)あると説かれました。

1. 体調が悪く熱があるときは、
   火や黄色や赤い夢を見る。
2. 冷気が多いと、水と白の夢を見る。
3. 風気が多いと、飛ぶ夢や黒を見る。
4. 見聞したことに対して多くを考えてしまうから、
   夢にまで見てしまう。
5. または、天が未来のことを知らせようとして、
   夢を見せる。

体調によって見る夢の色が変わってくるのだそうですよ。なんだか、おもしろいですね。今夜どんな色の夢を見るのか、楽しみです。そういえば、モノクロの夢をよく見るような気がしますが……。

5も、とても興味深いですね。夢は、古代から神のお告げとされていました。また見た夢によって未来のことを占うのも盛んだったようです。旧約聖書に記されている「ヨセフの夢占い」(註87)は特に有名です。

天からのお告げとは、どのようなものなのでしょうか。興味もあり、恐ろしくもありますね。あっ、未来のことを教えてくださるなら、宝くじの当選番号のお告げでもいいなぁ。そんな素敵な夢のお告げなら、たくさん見たいのに！

ふふっ、まさに夢物語ですね。

歩く坐禅で、身体は健やか、心も穏やかに

――ウォーキング

インドの仏跡を訪ねると、公園のような広場がよく併設されています。青々とした芝生が生い茂り、遠くの木々と青空に視界が広くなります。清浄な空気が流れる、静かな空間です。

やわらかな芝生の上には、実にさまざまな人たちがいます。走り回る子どもたち、本を読んでいる人、居眠りしている人、瞑想している人、楽しそうに話し込んでいる人たち、僧侶の説法を熱心に聴いている団体、快い風を受けながら、それぞれの人が大切な時間を過ごしています。

時はその間をゆったりと流れています。大きな木の下では、静かにゆるやかに歩いている女性が見えます。背筋を空に向かってまっすぐに伸ばし、両手を胸の前でくみ、穏やかな表情で歩を進めています。まるで、そよ風が彼女の背中を包み込むように、その歩を急(せ)かすことなく、一緒になって流れているようです。

とても清らかな姿。その姿に、こちらまで心が穏やかになってきます。彼女の歩み、これが仏教でいうウォーキング、経行（きんひん）（註88）という行です。『南海寄帰内法伝』（註89）によると、七世紀末のインドでは在家出家の別なく、多くの人が行っていたようです。そして、経行によって病いが癒えて、食物の消化にもよくなると書いてあります。

禅宗はこの経行を修行に取り入れました。長く坐禅をしていると足がしびれてくるもの。また、眠気が襲ってくることもあります。それを払拭するために、一定の時間に経行を行うのです。

たとえば、坐禅を一炷（いっちゅう）坐ると（坐禅は一回を一炷と数えます。お線香一本が燃え尽きる時間、およそ四十分程度）、五分から十分の経行を行います。坐禅堂の中を歩き回るのです。臨済宗ではこれを早歩きで駆け抜け、曹洞宗ではこれを呼吸に合わせて半歩ずつゆっくりと進みます。どちらにせよ、経行は歩く坐禅です。その一歩一歩に心をそそぎながら、歩みを進めます。

『四分律』（註90）では、経行の効果を五つ挙げています。

一、遠く歩くことに堪え、
二、よく思惟(しい)し、
三、病い少なく、
四、食物を消化し、
五、長く坐禅ができる。

『十誦律』（註91）でも、同じく五つの効能を挙げています。

一、健脚になり、
二、力を有し、
三、病いにかからず、
四、食物を消化し、
五、意志を堅固にする。

およそ同じ内容ですが、二と五の違

walking meditation
under the tree, India.

いを見ると、『四分律』は出家修行者へ、『十誦律』は在家の人たちへ向けて述べているように思えます。いずれにしても、経行は私たちの健康増進を促し、精神を安定させるものです。

現代でも、生活習慣病の予防や改善、血行促進、筋力の維持向上などのために、ウォーキングは多くの人に支持されています。早朝の公園では、トレーニングウェアに身を包んだ人たちが息を弾ませています。せっかくだから、時にはゆったりとした呼吸で歩いてみてはどうでしょうか。たおやかな風を感じて、見えてくる景色がまた、新鮮なものになることでしょう。

トイレの作り方から使い方、用足し後の注意まで徹底指導

――トイレのマナー

トイレのことを「廁(かわや)(川屋)」ともいいます。古代の日本で、川で用便をたしていたことに由来するそうです。川は天然の水洗トイレですものね。人糞を肥やしとして使用するまでは、川をトイレ代わりにするのが一般的だったようです。

お釈迦さまの時代は、どのようなトイレ事情だったのでしょうか。『摩訶僧祇律』にトイレの作り方から、マナーまで詳しく載っています(註92)。かなりの分量ですので、すべてを記すことはできませんが、要点だけ紹介します。

お釈迦さまが舎衛城にいらっしゃったときのことです。修行僧たちは勝手気ままに大便をしていました。世の人びとはこれを嫌い、「お釈迦さまの弟子たちは、まるで牛やロバのように至る所で大便をしている」と非難しました。それで、お釈迦さまは「これからは廁屋(しおく)(トイレ)を作りなさい」と指導されました。

〈トイレの作り方〉

・北に作らず、東側に作ること。その際は西と南からの風通しをよくすること。

・地上に作る場合はまっすぐに穴を掘ること。または川岸に作ること。

・トイレは二つか三つ作ること。
・屋内であれば、つい立てを設置して、お互いに見えないようにすること。
・近くに衣を掛ける衣桁(いこう)を設置すること。

〈トイレの使い方〉
・トイレは我慢しないで、もよおしたら行くこと。
・トイレに入る前は弾指(だんし)(指を鳴らす)すること。中に入っている場合は、弾指して返事をすること(つまり、ノックする要領です)。
・緊急の場合は、先に入っている者がトイレを譲ってあげること。
・立ちション禁止(男女とも)。
・トイレでお経を読んだり、坐禅をしたり、居眠りをしないこと。
・大小便や唾は正しく穴に落とすこと。両辺を汚してはいけません。

〈用を足し終えたら〉
・お尻を、竹や葦、木、骨などを用いて拭いてはいけません。お尻を傷つけないように、滑らかなもの、角がないもので拭くこと。

・痔を患う者は、布や樹葉など、柔らかいもので拭くこと。
・トイレから出たら手を洗うこと。そのための水瓶を用意しておくこと。

〈その他〉
・（男性修行僧は）女子トイレに入ってはいけません。
・外でトイレを探すときには、若い女性に尋ねてはいけません。
・やむを得ず外で行う場合には、同伴者に背を向けて行うこと。
・外で行う場合は、風上で用を足して臭いを人にかがせてはいけません。風下で行うこと。

ほら、細かいでしょう。ちょっと笑ってしまうようなことまで指導されていますが、基本的に衛生面や排泄による健康面への配慮、そして集団生活におけるマナーの徹底が目的のようです。律には、まだまだたくさんのアドバイスが記されていますよ。

［特別収録］ お釈迦さまの主治医ジーヴァカ

お釈迦さまの時代に活躍したお医者さんを紹介します。名前は「ジーヴァカ」、お釈迦さまの主治医でした。彼はインド伝統医学「アーユルヴェーダ」でも名医として知られています。

【筆者注：以下の翻訳は『パーリ律』（註93）を底本とし、筆者が現代語に訳したものです。パーリ語からの現代語訳は実に八十年ぶり。抄訳を紹介します】

ビンビサーラ王がマガダ国を統治していた時代、その首都である王舎城に、サーラヴァティーという名の遊女がいました。彼女は秘かに身ごもり男児を出産します。しかし、すぐにその子を捨ててくるようにと、使用人たちに命じました。生まれたばかりの赤子は、ごみの中に捨てられてしまいました。

そこにアバヤという名の王子が通りかかりました。ごみ溜めに烏（からす）が群がっているのを不審に思った王子は、何事かと人々に問うと、赤子が捨てられているというではありませんか。思わず王子は尋ねました。

「生きているのか？」

「生きています」

「それならば私の後宮に運んで、乳母たちに養わせよう」

このようにして、その赤子はアバヤ王子の元で育てられることとなりました。また、この時に交わされた「生きる（jīvati）」という言葉に因んで、「ジーヴァカ（Jīvaka）」と名付けられました。

【後に医者となり、多くの人々の命を救う人の名前が、「生きる」という言葉に由来しているなんて、とても興味深いですね】


王子の後宮で育てられたジーヴァカは、ある時、自分が捨て子であることを知ってしまいます。それで、アバヤ王子に尋ねました。

「私の母は誰ですか。また、私の父はどなたでしょうか」

「私も汝の母が誰かは知らない。だがな、ジーヴァカよ、汝の父は私だ」

アバヤ王子の言葉に感動したジーヴァカは、このまま何の技能も持たずして王家に住まわせてもらうことはできないと思い、医者になることを決意しました。

その頃、タッカシラーという国に名高い医者がいました。タッカシラーは現在のパキスタンに位置し、ガンジス川下流域のマガダ国からは遠く離れた国です。ジーヴァカはそこで医術を学ぼうと、アバヤ王子に黙って後宮を去りました。タッカシラーで高名な師に入門を許されたジーヴァカは、多くを学び、理解し、忘れることなく記憶したといいます。そして七年が過ぎました。

ジーヴァカはふと思いました。

「私は七年間、多くのものを学んできた。しかし、この医学という学問には際限がない。いつになったらこれを極められるのであろうか」

そして師に、この疑問を問いました。

「しからばジーヴァカよ、鋤(すき)を持ってタッカシラーの町を巡り、薬にならないものを探して、ここに持ってまいれ」

師の言葉通りに、ジーヴァカは鋤を持って出かけ、町中を探し回りました。しかし、薬として使用できないものを見つけることはできず、ジーヴァカは手ぶらで帰るしかありませんでした。

「師よ、私はタッカシラーの町中を巡って探しましたが、薬にならないものを探し出すことができませんでした」

「よろしい。ジーヴァカよ、汝はよく学び終えている。これから医者として十分にやっていけるであろう」

師はそういうと、ジーヴァカに少しの旅費を与えました。

【薬にならないものはない、つまり、「自然界のすべてが薬になる」とは、興味深いことですね。それに気付くことで、医師免許の皆伝となりました。故郷に戻って医者として生計を立てることができる、ということでしょう。とはいえ、「少しの旅費」とはケチくさい気がしますね。しかしこのことが、ジーヴァカの初の治療につながるのです】

《第一の治療》

ジーヴァカはタッカシラーを後にして故郷のマガダ国を目指しました。しかしわずかな旅費はすぐに尽きてしまい、故郷に帰り着くためのお金を稼がなければいけなくなりました。

サケータという国に入ると、その国の長者の妻が七年もの間、頭痛に悩まされているといいます。ジーヴァカは長者の家へ行き、自分が治療にあたると申し出ました。

「これまで有名な医者がたくさん診ても治せなかったのに、年若き者に治せるものか。どうせ金がほしいだけだろう」と、門前払いをくらいます。

しかしジーヴァカは、「手付金もいらない。治癒した場合のみ支払ってくれたらい い。代金はそちらで決めてもらっていい」という条件をだしました。

「それならば」と、ようやく長者の妻を診察することを許されました。

ジーヴァカは婦人を診察した後、ギー（バターオイルの一種）と種々の薬を調合し、婦人を仰向けに寝かせ、鼻からその薬を注ぎ込む治療（経鼻法）を施しました。

すると、たった一度のこの治療で、七年間患っていた頭痛が快癒したのです。そしてジーヴァカは、長者の家族から合計一万六千金の報酬を受け取り、無事マガダ国に帰り着くことができました。

マガダ国の王舎城に着くと、ジーヴァカはアバヤ王子にこれまでの経緯を話しました。

「私は、初めての治療の報酬として一万六千金を得ました。アバヤ王子よ、これを、これまで育ててくださった養育費としてお受け取りください」

「やめよ、ジーヴァカ。それは汝がものとせよ。そして以前のように、我が後宮に住むがよい」

「王子よ、そのように」

と、ジーヴァカは頭を下げました。

【ジーヴァカの最初の治療は旅の途中のことでした。この時に用いた経鼻法はナスヤといい、アーユルヴェーダでも有名な治療法です。百十六頁「鼻洗浄」の項参照。
　故郷のマガダ国に戻ったジーヴァカは、それから次々に天才的施術を行っていきます】

《第二の治療》

　ある時、マガダ国のビンビサーラ王は痔瘻を患っていました。それでアバヤ王子に「いい医者はおらぬか」と相談しました。

「大王よ、ここにジーヴァカという医者がおります。年は若けれど非常に有能です。彼ならば大王の病を治すことができるでしょう」

「しからば、余を治すように命ぜよ」

　アバヤ王子は宮殿に戻ると、早速ジーヴァカにビンビサーラ王の治療に当たるように命じました。

　ジーヴァカはビンビサーラ王の元に至ると、痔瘻を診察し、塗り薬を用いてこれを治療しました。それは爪の先ほどの薬だったのですが、すぐに痔瘻は完治しました。

喜んだビンビサーラ王は、その報酬として五百人の美女を遣わすといいますが、ジーヴァカはそれを辞退してこう申し出ました。

「大王よ、私に職を任じてください」

「ではジーヴァカよ、私と私の後宮に仕えよ。また、お釈迦さまを首とする仏教僧団に奉仕せよ」

【この治療をきっかけにジーヴァカは仏教僧団に仕えることとなり、お釈迦さまの主治医にもなります。ビンビサーラ王が痔瘻にならなければ、ジーヴァカは仏教教団との係わりがなかったかもしれませんね。

ビンビサーラ王の痔に対する治療は、他の律にも載っています。『四分律』では、これを切開して治しています（百三十九頁「痔の治療」参照）。伝承された律によって治療法が異なるのは、文献学的にも興味深いことです】

《第三の治療》

マガダ国の王舎城に住む長者が、頭痛に苦しんでいました。七年も続くひどい頭痛です。四方の名高い医者に診てもらいますが、誰も治すことができず、医者たちはただ多くの金を取ってゆくだけでした。

ある医者は「長者は五日後に死ぬ」といい、別の医者は「七日後に死ぬ」といい、どの医者も長者を見放してしまいました。そこでビンビサーラ王は、ジーヴァカに長者の治療を命じました。

ジーヴァカは長者の家に行き、診察しました。そして外科手術を始めたのです。彼は長者をベッドに寝かせてベッドに縛りつけ、頭皮を切って頭蓋骨を開くと、二匹の虫を取り除きました。それを人々に示して、こう説明しました。

「見よ、ここに二匹の虫がいる。一匹は小さく、もう一匹は大きい。『長者は五日後に死ぬ』というのは、この大きな虫が原因である。また『長者は七日後に死ぬ』というのは、この小さな虫が原因である」

そして頭蓋骨を縫い合わせ、更に頭皮を縫い合わせて、塗り薬をぬりました。三週間の安静の後に長者は治癒しました。

【ここでは開頭手術が行われています。この時代にすでに外科手術が行われていたのですね。驚くべきことです。またここでは省略しましたが、術後の安静を保つために、人間心理をついた指導を行うなど、ジーヴァカの術後対応の巧みさがうかがえるエピソードもあります】

《第四の治療》

ある時、バーラーナシーの長者の息子が遊んでいて、腸内に異変が起こりました。それから粥を飲んでも消化できず、ご飯を食べても消化できず、大小便も出なくなりました。痩せて顔色が悪く、体調を崩してしまいました。それでバーラーナシーの長者は、息子をジーヴァカに治療してもらおうと思い、王舎城まで赴いて、ビンビサーラ王に懇願しました。王はジーヴァカに長者の息子の治療を命じました。

ジーヴァカはバーラーナシーへ行き、長者の息子の診察をしました。それから長者の息子の開腹手術を行い、これを完治させました。

【開頭手術に続き、開腹手術も行っています。二千五百年前の医学は私たちが想像するよりも進んでいたのかもしれませんね】

《第五の治療》

ある時、ウッジェーニ国のパッジョータ王は黄疸を患っていました。高名な医者が多く診察したのですが、だれも癒すことができませんでした。それでパッジョータ王はマガダ国のビンビサーラ王に使いを送って、ジーヴァカに自分を診察させるようにと頼みました。

ジーヴァカはウッジェーニ国へ行き、パッジョータ王を診察していいました。

「王よ、治療のために、私はギーを使おうと思います。ギーは飲めますか」

「止めよ、ジーヴァカ。余はギーを好まぬ。ギーなしで薬を作れ」

しかし王の病を治すには、どうしてもギーを処方する必要があったのです。ジーヴァカは種々の薬と一緒にギーを煮込みながら、こう考えました。

（王はギーを飲んで消化する時に吐くだろう。この王は残虐なので、ギーを飲ませたことが分かると、私を殺すであろう）

ジーヴァカはパッジョータ王のところに行き、こう申し上げました。

「王よ、医者というものは、しばし薬を集めに出るものです。どうぞ乗り物小屋の門番に命じて、私が求める乗り物を与え、いつでも門から自由に出入りできるようにしてください」

パッジョータ王はそれを許可しました。その頃、パッジョータ王の乗り物小屋にはバッダヴァティカーという象がいました。それは一日に五十由旬（ゆじゅん）（一由旬は約七キロメートル）は走るという早足の象です。ジーヴァカはこの象に目をつけました。

そして頃合を見計らって、ジーヴァカはパッジョータ王にギー入りの薬を差し出しました。

「王よ、これを服用してください」

パッジョータ王が薬を飲むと、ジーヴァカは象舎に行き、象のバッダヴァティカーに飛び乗って大急ぎで都を出ました。

パッジョータ王はそうとは知らず、このギー入りの薬を飲むと消化する時に吐き出しました。

「ジーヴァカめが、余にギーを飲ませおった！　ジーヴァカを連れてまいれ！」

「王よ、彼は象に乗って城から逃げました」

「なにぃ、ジーヴァカめ！」

その時、この城にはカーカという奴隷がいました。彼は一日に六十由旬も走るといいます。パッジョータ王はカーカに命じました。

「行け、カーカよ！　ジーヴァカ医を止めてこい。そして『医者よ、王がそなたを呼んでいる』と伝えよ。ただし、カーカよ、医者という者はよく妖術を使うものだ。彼から何も受け取ってはならぬぞ」

カーカは疾風の如くに走り、コーサンビー国の道の途中でジーヴァカに追いつきました。ちょうどその時、ジーヴァカは朝食をとっているところでした。

「医者よ、王がそなたを呼んでいる」

「カーカよ、私が食べ終わるまで待ちなさい。そうだ、カーカよ、お前も食べたらどうだ？」

「医者よ、あなたから何も受け取ってはならぬと、王から言われている。受け取ることはできない」

そこでジーヴァカは、カーカに隠れてこっそりと薬をなめ、それから果物を食べて水を飲んでみせました。

「カーカよ、ずっと走ってきてお腹が空いただろう。お前もこの果物を食べて水を飲むがよい」

カーカは考えました。

（ジーヴァカが先に食べて、なんともないようだ。俺が食べても大丈夫だろう）

カーカはその果物を半分食べて、水を飲みました。すると途端に下痢をしてしまいました。カーカは苦しみながらジーヴァカに聞きました。

「医者よ、私は死んでしまうのでしょうか」

「カーカよ、恐れるな。お前はすぐに治る。しかし、お前の王は残虐だから、私が戻れば私を殺すであろう。私は戻らぬぞ」

ジーヴァカはそう言うと、乗ってきた象のバッダヴァティカーをカーカに託して、自らはマガダ国へ帰っていきました。そして王舎城に着くとビンビサーラ王にことの次第を申し上げました。

「ジーヴァカよ、ウッジェーニ国に戻らなかったのはよい判断であった。パッジョータ王は残虐なれば、汝を殺していたであろう」

その後、パッジョータ王の病は、ジーヴァカが処方した薬の効果で治りました。パッジョータ王は自分の行いを恥じて、ジーヴァカの元に使いを送りました。

「ジーヴァカよ、汝に褒美を与えん」

そしてパッジョータ王から、高級なシヴィ産の衣がたくさん送られて来ました。

【ここはジーヴァカの機転の効いた知恵が面白いですね。あらかじめ逃走用の象を準備しているところや、追手を騙して逃げ切るところなど、なかなかのドラマ仕立てです。

また、カーカとは烏という意味ですが、赤子のジーヴァカが捨てられた時に群がって来たのもカーカ(烏)でした。ジーヴァカの命を狙うのが同一の名前であるというのもドラマ仕立てに輪をかけていて面白いですね】

《第六の治療》

その時、お釈迦さまの身体にドーシャの乱れが生じました。

「アーナンダよ、私の身体にドーシャの乱れが生じているようだ。下剤を用いて治そうと思う」

アーナンダはお釈迦さまの言葉を聞き、ジーヴァカのもとへ行って相談しました。

「アーナンダ尊者よ、それでは数日の間、お釈迦さまに油剤療法を施してください」

それでアーナンダは数日間、お釈迦さまに油剤療法を施しました。

それからジーヴァカは（お釈迦さまに強い下剤を処方するのはよろしくない）と考え、ウッパラという植物を三把と種々の薬を調合しました。そして一把のウッパラをお釈迦さまに差し出して申し上げました。

「お釈迦さま、まずはこの一把のウッパラをお嗅ぎください。すると下痢を十回なさるでしょう」

次に二把目と三把目のウッパラを差し出して同様に申し上げました。

「お釈迦さま、この二把目と三把目のウッパラをそれぞれにお嗅ぎください。すると一把につき十回の下痢をなさるでしょう。このようにして、合計三十回の下痢をなさってください」

そのように処方して、ジーヴァカはお釈迦さまを礼拝して帰りました。

その治療が功を奏して、お釈迦さまの体調は戻りました。

【お釈迦さまが体調を崩された原因となった「ドーシャ（doṣa）」とは、アーユルヴェーダの基本理論「トリドーシャ（tri-doṣa）」説のことです。インド伝統医学の理論に基づいて治療が行われています。

また、お釈迦さまに施された下剤を用いるこの治療法は、アーユルヴェーダで行われる油剤療法そのものです。お釈迦さま在世からアーユルヴェーダ的治療が行われていたことがうかがえて、とても興味深いですね】

あとがき

お経をサンスクリット語で、スートラ（sūtra）といいます。これは「糸」という意味です。お釈迦さまの教えであるスートラ（お経）を、仮に機織り機の「たて糸」としましょう。そして、時代や地域や文化などを、「よこ糸」として考えてみましょう。たて糸はしっかりと張り渡してあります。このたて糸のようにお釈迦さまの教えは揺らぎません。そこに、さまざまな人びとのよこ糸が通って、カタンカタンと、リズムよく編み込まれ、ひとつの模様ができ上がります。仏教という名のタペストリーです。この模様は、地域や時代によっても異なるでしょうし、個人によっても違ったものができ上がることでしょう。

律をひもといていくと、仏教が織りなしている模様が違って見えてきます。四角四面の幾何学的な模様があれば、優しく包み込まれるような模様もあり、カラフルでコミカルな模様までもあります。厳しくも、優しくて、親しみやすい模様が見えてきます。

みなさまにも、これまで紹介されてきた仏教とは少し違った模様を見ていただきたくて、この本を書きました。二千五百年前のお釈迦さまの教えは、美しい織物のように連綿と私たちの生活に息づいているのを感じとっていただけたでしょうか？　できるだけやさしく楽しく読んでいただけるように心を砕いたつもりです。少しふざけた表現もありますが、そこはどうぞ、ご慈悲をもってご寛容ください。本書が、みなさまとお釈迦さまとの接点になれたら、存外の幸せです。

本書の出版に際し、ご尽力いただきましたDr.コパこと小林祥晃先生、駒澤大学大学院時代の恩師であられる奈良康明先生、曹洞宗総合研究センター古山健一氏、博報堂のひきたよしあき氏、出版の機会をいただきました河出書房新社さま、編集やデザイナーのみなさまに御礼申し上げます。そして『禅の友』編集担当の三須励法氏との不思議な出会いがなければ本書は生まれていませんでした。感謝いたします。

平成二十七年春　長崎・口之津にて　太瑞知見

文庫版あとがき

禅語に「啐啄同時」という言葉があります。ひな鳥が卵からかえる時に、内側から一生懸命に殻をつついて外の世界に出ようとします。その時、親鳥が卵の外側からつついて、ひな鳥が生まれ出てくるのを助けてあげるのだそうです。自分だけの力ではなく、タイミングよくだれかの手助けがあってブレークスルーできる。自分ひとりの力だけで生きているのではない。そういうことを示唆した禅語です。

六年前に初の著書『お釈迦さまの薬箱』を出版した時は、まさに啐啄同時のタイミングでした。河出書房新社さま、編集やデザイナーのみなさま、その他大勢のかたがたのお力添えをいただいて、世に出すことができました。『お釈迦さまの薬箱』が殻を破り広い世界にリリースされると、次は様々な方面から感想やお声がけをいただきました。それらの出会いが私の人生の色彩を変え、仏典理解を深めてくれました。出会いに感謝いたします。

まず、律蔵研究の第一人者である花園大学教授、佐々木閑先生との出会いは大きな一打でした。先生のアドバイスに刺激され、律蔵を原文から読む努力を続けております。

伝統医学からは、アーユルヴェーダ医師の浅貝賢司先生、日本アーユルヴェーダ協会理事長の上馬場和夫先生、チベット医学医師の小川康先生、ユナニ医学のダヌーシュ・アザルギン氏。和漢薬関連では金沢大学の佐々木陽平先生や富山大学・元民族薬物資料館館長の伏見裕利先生。みなさまの深い知識と溢れる好奇心にいつも刺激されています。

また出版後、全国各地から多くのセミナーや講演会に呼んでいただきました。お釈迦さまが説かれた薬に、これだけ多くの人たちが関心を持たれているということに驚き、そしてとても嬉しく思っております。足を運んでくださったみなさま、ありがとうございました。

これからも多くのかたがたに、お釈迦さまの教えが届きますように。そして、みなさまが幸せな毎日を送られますように、心から祈念しております。

令和三年春　長崎・口之津にて　太瑞知見

参考文献

【序文】（十六頁〜）

註1：『摩訶僧祇律』巻第二十三

註2：律によって表記が異なる場合があります。『十誦律』巻第三十九、『四分律』巻第五十八、『摩訶僧祇律』巻第二十三、『五分律』巻第十六、『根本説一切有部毘奈耶雑事』巻第十七

註3：律によって表記や分類法が異なる場合があります。『十誦律』巻第二十六・医法、『四分律』巻第四十二・薬揵度、『摩訶僧祇律』巻第三・明四波羅夷法之三、『五分律』巻第二十二・薬法、『根本説一切有部毘奈耶薬事』巻第一

【第一章】（二十八頁〜）

註4：これは『根本説一切有部律』の場合です。律によって分類法は異なります。

一日一食（三十頁〜）

註5：『四分律』巻第十四

註6：『五分律』巻第八、『四分律』巻第十四

註7：『摩訶僧祇律』巻第十七

註8：『パーリ律』波逸提法六十五条

米（三十四頁〜）

註9：名前に諸説があり、『仏本行集経』では善生、『仏所行讃』では難陀といいます。

粥（三十八頁〜）

註10：Bhesajjakkhandhaka, Mahāvagga, Vinaya-piṭaka

註11：ヴァータ（vāta）とは、インド医学理論で、身体を構成する三つの要素のうちの一つです。他の二つは、カパ（kapha）とピッタ（pitta）。

註12：『十誦律』巻第十四

コショウ（四十六頁〜）

註13：『根本説一切有部毘奈耶雑事』巻第一

バナナ（五十四頁〜）

註14：『大般涅槃経』巻第二十一、『維摩詰所説経』

巻中・観衆生品第七、『仏説普曜経』巻第四・出家品第十二など。

醍醐（六十二頁～）

註15：一九八七年冬、帯広畜産大学生物資源化学科教授、有賀秀子氏を中心とする研究グループによる実験。『酪総研（一三二七）』平成四年十月号より。

註16：吉田豊著『牛乳と日本人』十二頁

註17：『新撰姓氏録』

註18：『続日本紀』

花蜜（六十六頁～）

註19：『摩訶僧祇律』巻第三・明四波羅夷法乃三

註20：『五分律』巻第二十二・食法

アンマロク（七十八頁～）

註21：光明皇后の願文
柴田承二氏論文『正倉院薬物とその科学的調査』より。

註22：鳥越泰義著『正倉院薬物の世界』百十六頁

菖蒲（八十六頁～）

註23：『本草経集注』

肉（九十頁～）

註24：『四分律』巻第四十二

註25：『四分律』巻第五十九では、象肉・馬肉・人肉・狗（犬）肉・毒虫獣（毒のある虫や蛇）肉・獅子肉・虎肉・豹肉・熊肉・ハイエナ肉の十種を禁じています。

カリロク（九十四頁～）

註26：『金光明最勝王経』授記品巻第二十三

註27：鳥越泰義著『正倉院薬物の世界』百四十頁

菩提樹（九十八頁～）

註28：高田修著『仏像の誕生』

【第二章】（百六頁～）

髪（百八頁～）

註29：『十誦律』巻第三十九、『四分律』巻第五十一

註30：『四分律』巻第五十一

眼（百十二頁～）

註31：『十住毘婆沙論』巻第九

註32：『仏本行集経』巻第五十六

鼻洗浄（百十六頁～）

註33：『根本説一切有部毘奈耶雑事』巻第十

註34：『十誦律』巻第三十八

註35：『四分律』巻第四十三

歯磨き（百二十頁～）

註36：『正法眼蔵』洗面

註37：原文はひらがな。漢字と句読点、括弧内は筆者によります。嗽口は原文のまま。

口腔ケア（百二十四頁～）

註38：『十誦律』巻第四十

註39：『四分律』巻第五十三

註40：『毘尼母経』巻第六

註41：前述の三つの教典の他に、『五分律』巻第二十六、『増支部』巻第五、南伝『小品』巻第五など。

註42：『南海寄帰内法伝』巻第十八「朝嚼歯木」

註43：『四分律』巻第二十一、『摩訶僧祇律』巻第二十二

註44：『十誦律』巻第三十八

註45：『摩訶僧祇律』巻第二十二

手洗い・うがい（百二十八頁～）

註46：『四分律』巻第三十三・受戒揵度三

註47：『十誦律』巻第三十八、五十六

註48：『摩訶僧祇律』巻第十七

註49：『五分律』巻第二十六

註50：『摩訶僧祇律』巻第十七

註51：『十誦律』巻第五十七

註52：『四分律』巻第五十一

耳かき（百三十二頁～）

註53：『十誦律』巻第五十七

註54：『四分律』巻第五十三

灰と魔法の糸（百三十六頁～）

註55：実際には「寺」という文字は、中国に仏教が伝来する以前から存在していました。ですから、仏教寺院とは直接関係がある漢字ではありません。ちなみに当時「寺」とは、肛門（外界と内界の境界）を意味する言葉だったそうです。「痔」という漢字は、肛門の病気という意味なのですね。

看護（百四十頁～）

註56：『十誦律』巻第二十八

註57：『四分律』巻第四十一

洗濯（百四十四頁～）

註58：『根本薩婆多部律摂』巻第六

註59：『根本薩婆多部律摂』巻第六

註60：『四分律』巻第四十九

室内清掃（百四十八頁～）

註61：『国訳大蔵経』論部巻第十四、国訳小品　義務篇第八

飲み水（百五十二頁～）

註62：『四分律』巻第五十二

註63：『五分律』巻第二十六

註64：『摩訶僧祇律』巻第十五

註65：『薩婆多毘尼毘婆沙』巻第六

註66：『五分律』巻第二十六

註67：『摩訶僧祇律』巻第十八

食事の供養（百五十六頁～）

註68：『増一阿含経』巻第十三、『仏本行集経』巻第一、『根本説一切有部毘奈耶薬事』巻第十など。

註69：中村元監修・補注『ジャータカ全集』巻四（春秋社）三百十六話「ウサギ前生物語」、辻直四郎／渡辺照宏訳『ジャータカ物語』（岩波少年文庫）「ウサギの施し」を参照し、再話しています。

註70：『四分律』巻第十五

註71：『摩訶僧祇律』巻第二十二

肥満とダイエット（百六十頁～）

註72：『雑阿含経』巻第四十二

註73：『大薩遮尼乾子所説経』巻第五

アルコール（百六十四頁～）

註74：『長阿含経』巻第二、『仏説七仏経』、『根本説一切有部毘奈耶破僧事』巻第二、『摩訶止観』巻第六上など。

註75：『大智度論』巻第十三

註76：『十誦律』巻第十七

註77：『毘尼母経』巻第十五

註78：『四分律』巻第十六

入浴（百六十八頁～）

註79：『増一阿含経』、『摩得勒伽』、『十誦律』、『温室経』など。
註80：『十誦律』巻第三十七
註81：『南海寄与伝』巻第三
註82：『四分律』受戒
註83：『摩訶僧祇律』巻第十八
註84：『根本説一切有部毘奈耶雑事』巻第三

睡眠（百七十二頁〜）

註85：『四分律』巻第二では、「善意睡眠」と「悪意睡眠」。『五分律』巻第二では、「心が散乱しない睡眠」と「心が散乱する睡眠」。『十誦律』巻第十八では、「念が乱れず一心に眠る状態」と「念が乱れて一心には眠られない状態」。
註86：『大智度論』巻第六
註87：『創世記』第三十七章や四十章以降

ウォーキング（百七十六頁〜）

註88：宗派によっては、経行を「きょうぎょう」と読みます。
註89：『南海寄帰内法伝』巻第三・第二十三章　経行少病
註90：『四分律』巻第五十九
註91：『十誦律』巻第五十一

トイレのマナー（百八十頁〜）

註92：『摩訶僧祇律』巻第三十四

お釈迦さまの主治医ジーヴァカ（百八十四頁〜）

註93：Cīvarakkhandaka, Mahāvagga, Vinaya-piṭaka Vol1 (Pāli Text Society)

本文：『禅の友』（平成二十五年七月～平成二十七年三月連載分）
お釈迦さまの主治医ジーヴァカ：『月刊住職』（令和二年八月号）
本書は二〇一五年四月に小社より刊行された『お釈迦さまの薬箱』に加筆・修正して文庫化したものです。

日々をすこやかに過ごす仏の智慧
「お釈迦さまの薬箱」を開いてみたら

二〇二一年 五 月一〇日　初版印刷
二〇二一年 五 月二〇日　初版発行

著　者　太瑞知見
発行者　小野寺優
発行所　株式会社河出書房新社
〒一五一-〇〇五一
東京都渋谷区千駄ヶ谷二-三二-二
電話〇三-三四〇四-八六一一（編集）
〇三-三四〇四-一二〇一（営業）
https://www.kawade.co.jp/

ロゴ・表紙デザイン　粟津潔
本文フォーマット　佐々木暁
本文組版　トンプウ
印刷・製本　中央精版印刷株式会社

Printed in Japan　ISBN978-4-309-41816-2

正法眼蔵の世界

石井恭二　41042-5

原文対訳「正法眼蔵」の訳業により古今東西をつなぐ普遍の哲理として道元を現代に甦らせた著者が、「眼蔵」全巻を丹念に読み解き、簡明・鮮明に道元の思想を伝える究極の道元入門書。

道元

和辻哲郎　41080-7

『正法眼蔵』で知られる、日本を代表する禅宗の泰斗道元。その実践と思想の意味を、西洋哲学と日本固有の倫理・思想を統合した和辻が正面から解きほぐす。大きな活字で読みやすく。

現代語訳 歎異抄

親鸞　野間宏〔訳〕　40808-8

悩める者や罪深き者を救う念仏とは何か、他力本願の根本思想とは何か。浄土真宗の開祖である親鸞の著名な法話「歎異抄」と、手紙をまとめた「末燈鈔」を併録。野間宏の名訳で読む分かりやすい現代語の名著。

悩まない　禅の作法

枡野俊明　41655-7

頭の雑音が、ぴたりと止む。ブレない心をつくる三十八の禅の習慣。悩みに振り回されず、幸せに生きるための禅の智慧を紹介。誰でもできる坐禅の組み方、役立つケーススタディも収録。

片づける　禅の作法

枡野俊明　41406-5

物を持たず、豊かに生きる。朝の５分掃除、窓を開け心を洗う、靴を揃える、寝室は引き算…など、禅のシンプルな片づけ方を紹介。身のまわりが美しく整えば、心も、人生も整っていくのです。

怒らない　禅の作法

枡野俊明　41445-4

イライラする、許せない…。その怒りを手放せば、あなたは変わり始めます。ベストセラー連発の禅僧が、幸せに生きるためのシンプルな習慣を教えます。今すぐ使えるケーススタディ収録！

ヒマラヤ聖者の太陽になる言葉

ヨグマタ相川圭子　41639-7

世界でたった二人のシッダーマスターが伝える五千年の時空を超えたヒマラヤ秘教の叡智。心が軽く、自由に、幸福になる。あなたを最高に幸せにする本！

ツクヨミ　秘された神

戸矢学　41317-4

アマテラス、スサノヲと並ぶ三貴神のひとり月読尊。だが記紀の記述は極端に少ない。その理由は何か。古代史上の謎の神の秘密に、三種の神器、天武、桓武、陰陽道の観点から初めて迫る。

ニギハヤヒと『先代旧事本紀』

戸矢学　41739-4

初代天皇・神武に譲位した先代天皇・ニギハヤヒ。記紀はなぜ建国神話を完成させながら、わざわざこの存在を残したのか。再評価著しい『旧事記』に拠りながら物部氏の誕生を考察。単行本の文庫化。

日本書紀が抹殺した　古代史謎の真相

関裕二　41771-4

日本書紀は矛盾だらけといわれている。それは、ヤマト建国の真相を隠すために歴史を改竄したからだ。書記の不可解なポイントを30挙げ、その謎を解くことでヤマト建国の歴史と天皇の正体を解き明かす。

知っておきたい日本の神様

武光誠　41775-2

全国で約12万社ある神社とその神様。「天照大神や大国主命が各地でまつられるわけは？」などの素朴な疑問から、それぞれの成り立ち、系譜、ご利益、そして「神道とは何か」がよくわかる書。

三種の神器

戸矢学　41499-7

天皇とは何か、神器はなぜ天皇に祟ったのか。天皇を天皇たらしめる祭祀の基本・三種の神器の歴史と実際を掘り下げ、日本の国と民族の根源を解き明かす。

応神天皇の正体

関裕二　41507-9

古代史の謎を解き明かすには、応神天皇の秘密を解かねばならない。日本各地で八幡神として祀られる応神が、どういう存在であったかを解き明かす、渾身の本格論考。

教養としての宗教事件史

島田裕巳　41439-3

宗教とは本来、スキャンダラスなものである。四十九の事件をひもときつつ、人類と宗教の関わりをダイナミックに描く現代人必読の宗教入門。ビジネスパーソンにも学生にも。宗教がわかれば、世界がわかる！

カルト脱出記

佐藤典雅　41504-8

東京ガールズコレクションの仕掛け人としても知られる著者は、ロス、NY、ハワイ、東京と九歳から三十五歳までエホバの証人として教団活動していた。信者の日常、自らと家族の脱会を描く。待望の文庫化。

皇室の祭祀と生きて

髙谷朝子　41518-5

戦中に十九歳で拝命してから、混乱の戦後、今上陛下御成婚、昭和天皇崩御、即位の礼など、激動の時代を「祈り」で生き抜いた著者が、数奇な生涯とベールに包まれた「宮中祭祀」の日々を綴る。

日本人の神

大野晋　41265-8

日本語の「神」という言葉は、どのような内容を指し、どのように使われてきたのか？　西欧のGodやゼウス、インドの仏とはどう違うのか？言葉の由来とともに日本人の精神史を探求した名著。

現代語訳 古事記

福永武彦〔訳〕　40699-2

日本人なら誰もが知っている古典中の古典「古事記」を、実際に読んだ読者は少ない。名訳としても名高く、もっとも分かりやすい現代語訳として親しまれてきた名著をさらに読みやすい形で文庫化した決定版。

現代語訳 日本書紀

福永武彦〔訳〕 40764-7

日本人なら誰もが知っている「古事記」と「日本書紀」。好評の『古事記』に続いて待望の文庫化。最も分かりやすい現代語訳として親しまれてきた福永武彦訳の名著。『古事記』と比較しながら読む楽しみ。

隠された神々

吉野裕子 41330-3

古代、太陽の運行に基き神を東西軸においた日本の信仰。だが白鳳期、星の信仰である中国の陰陽五行の影響により、日本の神々は突如、南北軸へ移行する……吉野民俗学の最良の入門書。

日本人の死生観

吉野裕子 41358-7

古代日本人は木や山を蛇に見立てて神とした。生誕は蛇から人への変身であり、死は人から蛇への変身であった……神道の底流をなす蛇信仰の核心に迫り、日本の神イメージを一変させる吉野民俗学の代表作！

花鳥風月の日本史

高橋千劔破 41086-9

古来より、日本人は花鳥風月に象徴される美しく豊かな自然のもとで、歴史を築き文化を育んできた。文学や美術においても花鳥風月の心が宿り続けている。自然を通し、日本人の精神文化にせまる感動の名著！

藩と日本人 現代に生きる〈お国柄〉

武光誠 41348-8

加賀、薩摩、津軽や岡山、庄内などの例から、大小さまざまな藩による支配がどのようにして〈お国柄〉を生むことになったのか、藩単位の多様な文化のルーツを歴史の流れの中で考察する。

日本人のくらしと文化

宮本常一 41240-5

旅する民俗学者が語り遺した初めての講演集。失われた日本人の懐かしい生活と知恵を求めて。「生活の伝統」「民族と宗教」「離島の生活と文化」ほか計六篇。

日本の伝統美を訪ねて

白洲正子　40968-9

工芸、日本人のこころ、十一面観音、着物、骨董、髪、西行と芭蕉、弱法師、能、日本人の美意識、言葉の命……をめぐる名手たちとの対話。さまざまな日本の美しさを探る。

たしなみについて

白洲正子　41505-5

白洲正子の初期傑作の文庫化。毅然として生きていく上で、現代の老若男女に有益な叡智がさりげなくちりばめられている。身につけておきたい五十七の心がまえ、人生の本質。正子流「生き方のヒント」。

いつも夢をみていた

石井好子　41764-6

没後10年。華やかなステージや、あたたかな料理エッセイ——しかしその背後には、大変な苦労と悲しみがあった。秘めた恋、多忙な仕事、愛する人の死。現代の女性を勇気づける自叙伝。解説＝川上弘美

東京の空の下オムレツのにおいは流れる

石井好子　41099-9

ベストセラーとなった『巴里の空の下オムレツのにおいは流れる』の姉妹篇。大切な家族や友人との食卓、旅などについて、ユーモラスに、洒落っ気たっぷりに描く。

巴里の空の下オムレツのにおいは流れる

石井好子　41093-7

下宿先のマダムが作ったバタたっぷりのオムレツ、レビュの仕事仲間と夜食に食べた熱々のグラティネ——一九五〇年代のパリ暮らしと思い出深い料理の数々を軽やかに歌うように綴った、料理エッセイの元祖。

季節のうた

佐藤雅子　41291-7

「アカシアの花のおもてなし」「ぶどうのトルテ」「わが家の年こし」……家族への愛情に溢れた料理と心づくしの家事万端で、昭和の女性たちの憧れだった著者が四季折々を描いた食のエッセイ。

天下一品　食いしん坊の記録

小島政二郎　41165-1

大作家で、大いなる健啖家であった稀代の食いしん坊による、うまいものを求めて徹底吟味する紀行・味道エッセイ集。西東の有名無名の店と料理満載。

食いしん坊な台所

ツレヅレハナコ　41707-3

楽しいときも悲しいときも、一人でも二人でも、いつも台所にいた――人気フード編集者が、自身の一番大切な居場所と料理道具などについて語った、食べること飲むこと作ることへの愛に溢れた初エッセイ。

味を追う旅

吉村昭　41258-0

グルメに淫せず、うんちくを語らず、ただ純粋にうまいものを味わう旅。東京下町のなにげない味と、取材旅行で立ち寄った各地のとっておきのおかず。そして酒、つまみ。単行本未収録の文庫化。

おなかがすく話

小林カツ代　41350-1

著者が若き日に綴った、レシピ研究、買物癖、外食とのつきあい方、移り変わる食材との対話――。食への好奇心がみずみずしくきらめく、抱腹絶倒のエッセイ四十九篇に、後日談とレシピをあらたに収録。

パリジェンヌ流　今を楽しむ！自分革命

ドラ・トーザン　41583-3

自分のスタイルを見つけ、今を楽しんで魅力的に生きるフランス人の智恵を、日仏で活躍する生粋のパリジェンヌが伝授。いつも自由で、心に自分らしさを忘れないフランス人の豊かで幸せな生き方スタイル！

家と庭と犬とねこ

石井桃子　41591-8

季節のうつろい、子ども時代の思い出、牧場での暮らし……偉大な功績を支えた日々のささやかなできごとを活き活きと綴った初の生活随筆集を、再編集し待望の文庫化。新規三篇収録。解説＝小林聡美

ひとりを楽しむ　ゆる気持ちいい暮らし

岸本葉子　41125-5

ホッとする、温かくなる、気持ちがいい……、これからは「ゆる気持ちいい」が幸せのキーワード。衣食住＆旅、暮らしの中の“ゆる”を見つけ、楽しく生きるヒント満載の大好評エッセイ集、待望の文庫化。

昭和を生きて来た

山田太一　41442-3

平成の今、日本は「がらり」と変ってしまうのではないか？　そのような恐れも胸に、昭和の日本や家族を振りかえる。戦争の記憶を失わない世代にして未来志向者である名脚本家の名エッセイ。

山手線をゆく、大人の町歩き

鈴木伸子　41609-0

東京の中心部をぐるぐるまわる山手線を各駅停車の町歩きで全駅制覇。今も残る昭和の香り、そして最新の再開発まで、意外な魅力に気づき、町歩きの楽しさを再発見する一冊。各駅ごとに鉄道コラム掲載。

魚の水（ニョクマム）はおいしい

開高健　41772-1

「大食の美食趣味」を自称する著者が出会ったヴェトナム、パリ、中国、日本等。世界を歩き貪欲に食べて飲み、その舌とペンで精緻にデッサンして本質をあぶり出す、食と酒エッセイ傑作選。

マスタードをお取りねがえますか。

西川治　41276-4

食卓の上に何度、涙したかで男の味覚は決まるのだ——退屈な人生を輝かせる手づくりのマスタードや、油ギトギトのフィッシュ・アンド・チップス。豪快かつ優美に官能的に「食の情景」を綴った名エッセイ。

日曜日の住居学

宮脇檀　41220-7

本当に住みやすい家とは、を求めて施主と真摯に関わってきた著者が、個々の家庭環境に応じた暮しの実相の中から、理想の住まいをつくる手がかりをまとめたエッセイ集。